資本家の搾取を減らす週休3日制

通貨基準を食物とし、経済基盤を変えるために

賀数誠
KAKAZU MAKOTO

幻冬舎MC

資本家の搾取を減らす週休3日制

――通貨基準を食物とし、経済基盤を変えるために――

はじめに

変わり者の私（異端者）が新しい経済構造を公表し、それが実現できたら、素晴らしい世の中になるでしょう。

なぜ変わり者なのか？

私には神様達や霊魂達がたくさん入っていて、彼らから「誠さん」と親しく呼ばれているからです。

私はふだんの生活において神様達や霊魂達と会話もしていますが、現在のところ警察沙汰にはなっていませんし、眠れるし、食べているし、仕事もしています。日常生活にはなんら支障をきたしていないので、まあーいいかと過ごしています（主治医も私が神様達や霊魂達と会話できることは「才能」と言っている）。

経済構造が行き詰まっている今、経済基盤を変えることが大切だと私は考えます。

私は大学卒業直前より、経済基盤の構造を変えることを考えてきました。その結果、ただ理論的に頭でっかちに考えるより、農業経営をして実践すれば早く実現達成できると思い、農業経営を始めたのです。

私が考えた経済基盤とは、具体的には、食物を通貨の基準にし、週休3日制にすることです。そうすれば資本家の搾取を減らすことができるでしょう。週休3日制にすると給料が減るのがネックですが、可能な企業の賃金はそのままで進めるべきだと考えています。

非正規雇用が増えている現代社会では、農地と水があれば食物産業に休日を利用することが可能です。さらに食物を通貨の基準にできたら、素晴らしい社会が訪れるでしょう。そのビジョンもすでにできています。

食物生産（自家製野菜栽培）に従事するのは自由です。週休3日制の内の1日か2日は、食物生産が可能な人々が従事すれば良いのです。私も微力ながら、人々のためになることをしたいと思っています。

NHK総合テレビ番組の『映像の世紀バタフライエフェクト』のように、私がこの新構想を発信して、数十年後に世界中に波及し、実現、達成できたらどうでしょう。

本書では、私と神様達や霊魂達との会話を各所で引用しています。奇妙に思われるかもしれませんが、神様達や霊魂達が「誠の中に入っている」と言っているので、「入っていないよ」と無下に反論もしていません。

これはあくまでも個人の意見であり、表現の自由だと思っています。ただ、今は実体が見えない神様達や霊魂達の存在を証明する術はありません。

本書のタイトルについて、私に入っているカール・マルクスさん（経済学者）が、「この本のメインタイトルを『週休3日制にして資本家の搾取を減らすこと』としてはどうですか？」と提案してきました。

検討した結果、私の考えたそのようなビジョンをメインタイトルにし、食物を通貨の基準にすることをサブタイトルにしました。そして、本を執筆することを私の使命とし、役目とし、自分に与えられたことをしっかりこなそうと思っています。

それにしても、なぜ私に神様達や霊魂達が降臨したのでしょうか。

理由は話せば長くなりますが、若い頃に執筆した『立ち直って』にあるように、私は以前から、あくびで神様や霊魂と交信していました。ある日嘉手納基地に不法侵入した際、夜空にイエス・キリストの姿が見えたのです。その後MPパトカー（アメリカ空軍憲兵隊のパトカー）に乗せられ、心の中で「デビル、サタン」と唱えたところ、ルームミラー越しに憲兵と目が合い、彼は目を大きく見開いて「シャラップ」と言ってきました。以前より私には霊能力がありましたが、これを機に出入り自由の体になり、複数の神様や霊魂が降臨することになりました。私が幼い頃から抱いていた「世の中を良くしたい」という思いに応えて降臨したのかもしれません。

私は世の中を良くしたいと本気で思っています。

そして、本書を通して、一人でも多くの方が私の思いに賛同してくださることを心より願っています。

私の座右の銘は、「質素で穏やかに、明るく逞しくのんびりと」。

私の主義は「殺されても殺さない」、すなわち非暴力です。

目次

第6章　私が目指していること

第7章　神様達との会話

第8章　霊魂達との会話

第1章

7回目の入院

入院させられた理由

私は若い頃に統合失調症を発症し、以来、入退院を繰り返してきた。

７回目入院のきっかけとなったのは、東日本大震災の前年、２０１０年の秋のことだった。エホバさんからの啓示で、お供え物（食べ物と飲み物）をテーブルと流し台に供えたのだが、しばらくしてからそれを「お下げしても良いですか？」と訊ねたら、「下げてはだめです」と言われた。

下げることができず、そのままにしていたらカビが生え、ウジがわくので

『大人に反言』

健康に悪い。それで私は家出した。

海洋博公園近くの、伊江島が目の前に見えるホテルに泊まり伊江島を見ていたら、円盤状の黒い雲が近づいて、伊江島タッチュー（城山）に漏斗《ろうと》状に降りてきた。それから伊江島の沖の方から黒い塊が近づいてきた。それは船でもない。黒い岩石が徐々に向かってきて、途中で止まった。

翌日、近くの海人達がボートで近づいていって、潜って確かめていた。

その夜、ホテルの部屋はフィックスガラスではめ殺しになっているのに、自然の風が吹きカーテンを揺らしていた。

ホテルを出て5分後のこと、車での走行中、車の直前を右側より赤い小型の鳥（約25センチ）が左側の植樹帯に飛び込んできた。チジメー（私はエホバさんのことを「チジメー」と呼ぶことがある。チジメーとは「守護神」のことである）に確認したら不死鳥だった。

大宜味村《おおぎみそん》奥間のコンビニエンスストア近くの広場で、南太平洋のクルーズ船上のアメリカ人70代男性が幽体離脱して、私の体に降臨合体した（体が大きく揺さぶられた）。

生きている魂が降臨合体したのは初めてだった。

その後、車で西海岸を南下中、今にも嵐が来襲しそうな雲行きになった。私は今日1日だけ県内で事件・事故がないようにと祈るために車をゼブラゾーンにとめ、裸になって1分間、直立不動で祈った。

そしてパトカーに乗せられ、7回目の入院となった。

苦しかった入院生活

入院初期はさまざまな妄想現象で苦しく辛い日々だった。

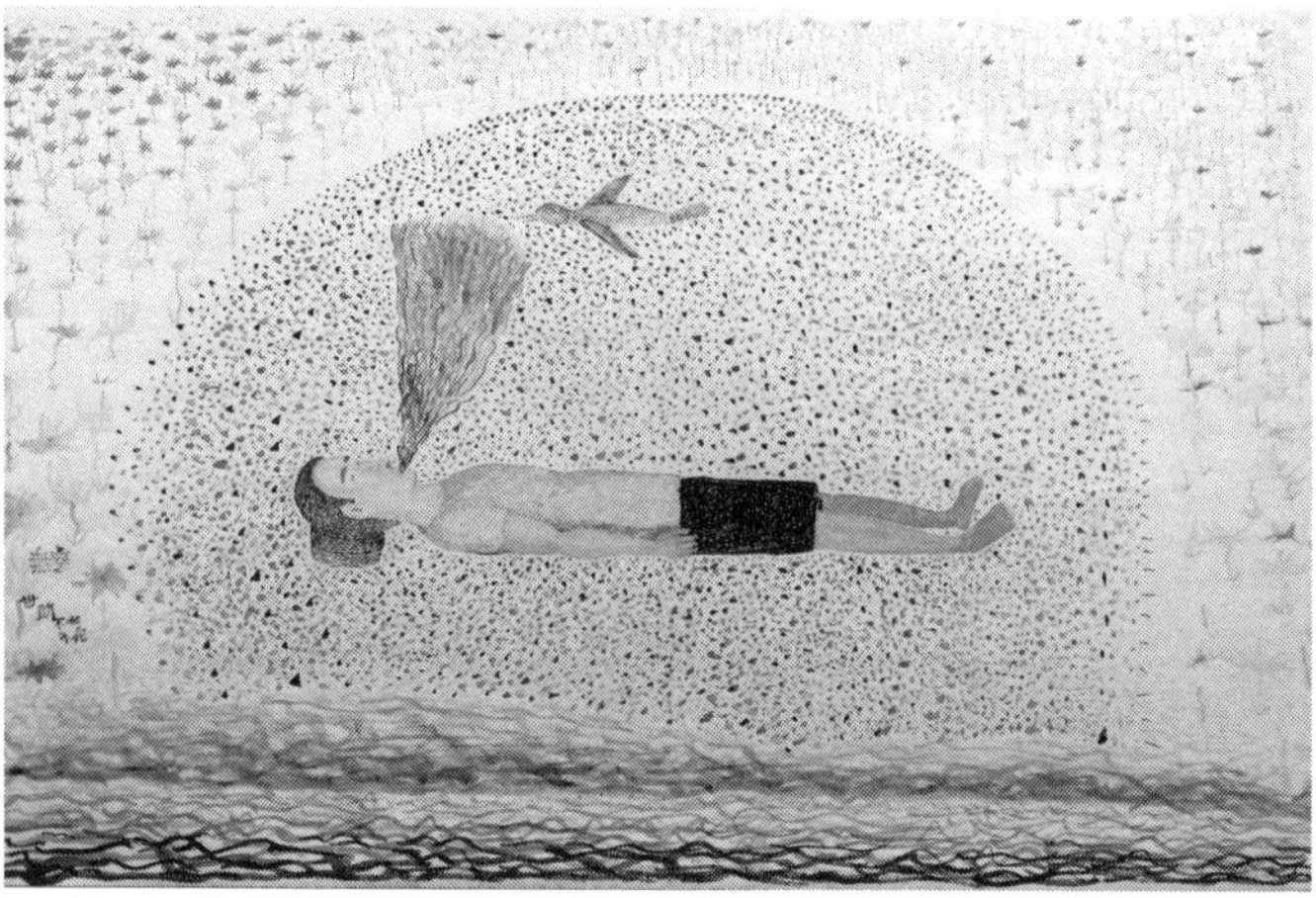

『悪魔、サタン、デビルの悪霊が出て、不死鳥が食べる』

入院中、地獄の兵卒長２００～３００名が私の中に入ってきて苦しかった。私は病棟外に出て耐えた。あまりに苦しいので「殺すなら殺せ」と言って、じっと耐えた。私はまともに受け止める癖があり、受け流すのが下手だからこのような症状が出たのであろう。

現在は相手の言葉を「そうねー」と受け流し、あとで時間をかけて咀嚼検討して対処することで改善している。

神様達や霊魂達と直接会話できるようになる

入院後半は、今まであくびでやり取りをしていたのとは異なり、神様達や霊魂達と直接会話できるようになったので、主治医に報告したら、「幻聴とは違います。相手には意識があります」と言われた。

また、主治医は「それは才能です」とも言った。

病院の職員は、「神様達や霊魂達との会話に振り回されないように気をつけてください」と忠告してきた。

しかし、神様達や霊魂達との会話は命令ではない。最終的に決定するのは私だ。

7回目の入院は約1カ年となったが、陶芸や絵画に集中することで症状が改善した。

だが、良くなっても実の兄が退院させてくれず、主治医の強制退院指示と施設の所長の保護で、ようやく退院できた。

現在、私は在宅勤務で建築積算（型枠）の仕事に就いている。仕事は毎日あるわけではないので、休みの日は日々執筆している。

第2章
講演会で新構想を発表する

――2020(令和2)年・秋　糸満市の社会福祉センターにて

私は世の中を良くしたいという思いから市政に関わろうと考え、２０２１（令和３）年11月の糸満市議会議員選挙に出馬した。だが、落選した。私の力不足であった。

その前年の秋（当時63歳）、選挙に先がけて行われた講演会で以下のような講演を行った。その中で私がなぜ出馬したのか、私が抱いている構想とはどんなものなのかなどについて説明しているので、内容を多少整理して紹介したい。

恩師の教えで経済構造の改革に目覚める

私は沖縄県糸満市与座で生まれ育った。

高嶺小中学校、南部工業高等学校、沖縄国際大学商経学部経済学科夜間部を卒業した。

小学校5年生、6年生の時の担任は高良先生（お亡くなりになった）だった。恩師・高良先生の思い出は、先生から車のカギを預かり、先生の昼食の弁当を車まで取りに行く役目を仰せつかっていたことだった。

小学生、中学生の時は、親の手伝いをしながら勉強も一生懸命したが、成績は普通。

高校生の時は過去の頑張りが実を結び、首席で卒業することができた。

高良先生の教えは、「今の社会はトップが変わっても変わらない。底辺が変わらなければ良くならない」というものであったが、このことを深く理解できたのは大学生になってからだった。なるほど高良先生が教えたかったことは、「経済構造が行き詰まっている」ことだったのだと悟ったのである。

私が本書のテーマである新構想を思いついたのも、高良先生のその時の言葉が大きく影響していると思う。

大学では、恩師・玉野井先生（お亡くなりになった）のゼミの1期生だった。私は全日制で入学したが、2年次に休学。3年次2回生、夜間学部転部3回生、4回生の時に玉野井ゼミで勉強した。

昼間は建築工として働き、現場のクーラー設備等の保温業主任であった。部活動は民族研究クラブ部長といそがしい毎日で、自分の年齢を忘れたこともある。約13年前には、自分の名前を忘れたこともある。このことで、人々を思い愛することは自分を忘れることにつながることだと、後々気がついた（神様達は私のこの姿勢を高く評価してくれたのだろうか、約15年前に私の体に入ってきたのである）。

そのため私は、自分のことは後回しにして忘れ、人々のために尽くしたいと考えるようになった。

しかし自分の生活もあり、立場もあるので、限度を超えてまでやることはかえって悪影響につながることもあると悟った。何事も限度を超えるのは良くない。だから私は、ほどよく穏やかに生きることにしたのである。明るく逞しく。

統合失調症を発症。入退院を繰り返す

43年前の玉野井先生の教えは、開かれた地域主義経済構造についてだった。その教えは、現在の地産地消の草分け的なものである。

私は玉野井先生の教えを実践行動することが世の中を良くする近道だと考え、卒業直前から農業経営（花栽培）をスタートした。

しかし突然、統合失調症を発症し、世界没落現象を体験することになったのである（この時のことは、私の著書『立ち直って』に詳しく書いている）。

以来、若い頃は入退院の繰り返しだった。

薬を飲むとだるくなって仕事ができない。かといって飲まないと、再発して入院させられた。

４回目の入院時に保健婦さんと薬をきちんと飲むと約束し、飲み続けて寛解することができた。寛解というのは医学用語で、完治はしてないが良くなっている状態を言う。

服薬、仕事、勉強の日々を送る中で、２級建築士、１級建築施工管理技士、１級土木施工管理技士の国家試験も受かり、それらの資格を取得した。

服薬すると、副作用で体がだるい、のどが渇く、腹が減る、といった状態になるためとても辛かったが、体のだるさは体力をつけ、薬に勝つことで克服した。

勉強は早寝早起きして、深夜から早朝、現場の事務所で頑張ったのである。

のどが渇くのは熱い飲み物が好きで、よく飲んでいたからだろう。熱い飲み物が好きになったのは、幼い頃、年配のおじいさん達から真夏でも熱い飲み物を飲むと体に良いと教えてもらったことがきっかけである。

仕事も頑張って、結婚もしたが、子宝に恵まれず離婚。子供が欲しくて再婚したものの恵まれず、またもや離婚した。

旅行中にひらめいた新経済構造案

私は旅行が好きで、今から約10年前に、２５０ccバイクで日本各地を一人旅した。カーフェリーで鹿児島に上陸。港から北方向に、国道58号線が約３００ｍあった。カーナビもスマホもない。携帯電話と全国ロードマップ片手の旅が始まったのである。

初日から（私に入っている）神様達の案内で、日本一大きい楠がある神社にストレートで着いた。この神社は明治天皇も参拝された由緒正しい神社だった。

それから太平洋側を北上し、宮崎県、大分県、福岡県、関門トンネル、山口県、広島県に着き、原爆ドームを見学。宮島の厳島神社、岡山県桃太郎像、大鳴門橋、四国の香川県、徳島県、高知県坂本龍馬像、愛媛県のはまち養殖場、世界一の吊り橋明石海峡大橋、神戸市、大阪市、京都市、奈良市、三重県伊勢神宮、愛知県、山越えで長野県に着き、伊那市街手前で雨宿りをした。

この時に考えた新しい経済構造案は、途上国の社会資本整備的資本主義経済構造案だった。しかし、これは無理だと思い、諦めたのである。

「食物を通貨の基準にする」という発想を思いつく

伊那市内のホテル滞在中に、私は長時間の幽体離脱を経験した。幽体離脱は統合失調症を患った時から時々あった。

伊那市で宿泊したホテルに自分で書いた本『立ち直って』を5、6冊置いていったところ、翌日、自衛隊から連絡があった。理由は分からなかったが、おそらく本の中に、「軍隊、自衛隊は基本的に死後地獄に行く」という文章があったからだと思う。

身の危険を察知した私は、「殺すなら殺してください。私を殺そうとするあなた達の意思は変えられないけど、私を殺したら、私が考えて実行に移そうとしていることを、私に代わってやってください。そうすれば私は肩の荷が下りますから。もし私が殺されたら会ったことのない祖父母に会えるから、ある程度楽しみにしています」という思いで、行く先をくらますことを伝え、東京に向かったのである。それから太平洋側を南下、寄り道せず鹿児島県でフェリーに乗り、沖縄に着いた。

沖縄に帰ってしばらくしてから、「そうだ、食物を通貨の基準にしたらどうだろう」という発想を思いついた。そして、実現するにはどういうふうにすれば良いのか、そのビジョンができたのである。

資本主義経済構造の歴史をひもとく

現在の経済構造のままだと人類は危機的状況に陥ってしまう。

そこで私は、世界の経済構造の主流を占める資本主義経済構造の歴史を大まかにひもといてみようと考えた。

おそらくは、貨幣のない時代の物々交換から交易が始まったのだろう。たとえば海で取れた魚と陸で取れた穀物の交換から、貝殻が貨幣の役目を果たし、貝殻から金貨銀貨銅貨に代わって、現在の紙幣通貨の流通となった。これが通貨の歴史である。

経済構造の歴史は農耕用の鋤《すき》に始まり、家内工業的手工業の作業場所から、１７６０年代にイギリスのマンチェスターで綿工業が機械設備による大工場で成立したことによって産業革命が興った。

同じくイギリスのリヴァプールでは鉄鋼産業革命が始まった。産業の米と言われる鉄鋼は、土木、建築、自動車、鉄道、電気機械などに欠かせない鋼材を生産している。

産業革命は株式投資に支えられ、資本主義経済構造の自由生産で切磋琢磨してきたのだ。産業革命より２６０年後の現在まで、さまざまな発明で世界が飛躍的に発展してきたのはご存じの通りだろう。

経済学的には、アダム・スミスが『国富論』（国民の富に関する論文）で「神の見えざる手による富の分配」や自由放任主義のシステムである夜警国家（経済を自由な生産、自由な消費、自由な流通にまかせ、政治を夜の警備に例えた）という理論を唱えた。夜警国家の構造だったイギリスの産業革命時期、アダム・スミスは古典派経済学の始祖であった。

1800年代、ドイツ人カール・マルクスが古典派経済学を批判、科学的社会主義を唱えて『資本論』を発表した。

資本主義経済構造では、搾取される労働者側と搾取する資本家側の両端に分けられる。これが現在の経済構造の格差の原点である。

現在の世界では、60名のトップの富裕層の資産と、世界の恵まれない36億人の資産が同じである。このことが現代社会の格差を拡大し続け、経済構造が行き詰まった大きな要因になっている。現実は、富裕層がチャンスと努力で成し遂げただけの成果ではない。かといって富裕層が悪いということでもなく、仕方がないことなのだ。

カール・マルクスはこの格差の拡大を約140年前に読んでいた。搾取する側の富裕層はチャンスと努力で富を積み上げたが、それを労働者階級に分配することを拒んできたのである。資産をタックスヘイブンに預ける現象が、現在の経済構造だ。

デヴィッド・リカードは自由貿易を擁護する理論を唱えたイギリスの経済学者だが、彼の比較優位論は、国別での生産が他国の生産より優位であることで、貿易がウィン・ウィンの関係になる理論である。

かといって社会主義国も東ヨーロッパやソ連邦も崩壊したため、生産・分配を社会で管理する計画経済構造、統制経済構造は生き長らえることができなかった。

さらに中国も、体制は共産主義だが経済構造は資本主義経済構造で、ここでの共産主義も行き詰まってしまったのである。

自由生産の資本主義経済構造のアメリカ合衆国も、グローバル（全世界的な意味の流れ）での影響で、貿易赤字が世界1位になり、行き詰まった。

このように、世界の経済構造が行き詰まって人類が危機的状況に向かっていることは、大多数の方々が感じていることである（私に入っているアダム・スミス、カール・マルクス、神様達が、「誠さんはたくさんの神様達や霊魂達が体に入っていることで、生きている人々が死後入ってくることを前提に、貧しい者達に資産を分け与えることを富裕層に勧めることができます」と言っている）。

現在のこのような状況を変えるためには、経済構造の基盤、すなわちプラットフォームを変える必要がある。そこで私が唱える「食物を通貨の基準にする構想」で、行き詰まった経済構造を打破して、改める改革を目指す。そして、人類が平和で穏やかに過ごせる世の中にするのだ。私がレールを敷けば、誰か後継者が現れる前提となるのではないかと期待している。

今の若者は誰に投票しても状況は変わらないという思いが強いからか、選挙離れが激しいようだ。仕方がないという一面はあるが、かといって自由民主党議員の中には利権に群がる人が多いような気がする。しかし、単に彼らが悪いのではなく、これも仕方がないのである。

新構想実現のためのビジョン

野党も良い代案を提示して社会を変えることを目標にしている。そこで、私が考えた「食物を通貨の基準にする発想」を、声を大にして提案したいと思う。

食物を通貨の基準にすることは、経済構造の基盤すなわちプラットフォームを変えることであり、経済構造の基盤に大ナタを振るい、メスを入れることでもある。もっと言えば、世の中を平和で穏やかな社会に変えていく構想でもある。

金（ゴールド）は食べられないが、食物を食べないと人間は死ぬ。食物はいかに大事であるかということを人類は悟るべきだ。

今の行き詰まった経済構造を打破して改めるには、この食物を通貨の基準にする構想以外に良い代案があるだろうか？　沖縄の経済構造を変えることができるだろうか？

そのビジョンとしては、まず手始めに私の地元からスタートする「与座ビジョン」というものを考えている。この「与座ビジョン」が軌道に乗れば、次に糸満ビジョン、沖縄ビジョン、日本ビジョン、世界ビジョン……と拡大していく構想である。

最初の与座ビジョンは、具体的に述べると、小規模小作菜園である。まず、私の関係する土地改良が完了した約５００坪の畑を15坪から20坪に区分けし、車道も整備して、与座川からパイプで農業用水を確保する。そして、休息場、農機具置き場、農機具、電力供給、非常勤管理者を配置する計画だ。これが実現したら畑のない市民に小作農地として貸し、自家菜園に利用してもらうのである。

休日に畑で作業するため、野菜は自家菜園で間に合うが、大事なことは土作りだ。葉野菜類は窒素が多い鶏糞等、実になる野菜はリン酸カリが多い牛糞豚糞が適している。小規模なので、農協やホームセンターで購入できる。

ケインズの波及効果理論

経済構造の話に戻ると、アダム・スミスの唱えた富の分配を批判することによって、カール・マルクスが『資本論』を発表するきっかけとなり、搾取の両端が貧富差の拡大につながると提唱された。ケインズの唱えた波及効果のように、アダム・スミスがカール・マルクスに影響を与えたことで、経済が満たされることとなった。リカードの唱えた比較優位論は、各地での生産性が他地域よりも優位であることで交易が成り立つ理論である。市場原理主義経済の導入では、経済を潤す目的が破綻し、リーマンショックにつながった。

日本でのケインズの波及効果の代表的な政策は、田中角栄元総理の日本列島改造論だ。アメリカ合衆国では、１９３０年のルーズベルト元大統領のニューディール政策である。これは、１９２９年10月24日（木）ニューヨーク証券取引所ウォール街で発生した、暗黒の木曜日と呼ばれる株価暴落による不況と失業者を救済する発想（ケインズの波及効果）で、テネシー川流域開発機構でのたくさんのダム建設を同時に行うことで、失業者を吸収した政策である。

日本での市場原理主義経済の導入は、中曽根康弘元総理の国鉄民営化、専売公社の民営化、小泉元総理の聖域なき構造改革や労働者派遣法がある。

１９９０年、バブルがはじけた現在の日本の経済構造は、国債を発行してこれを金融機関や日本銀行が買い取る仕組みで、国の借金は世界でも突出し、１０００兆円を突破、国民一人当たり８３７万円となっている。

しかし、ギリシャみたいに破綻しない理由は、国債の購入者が日本国内の金融機関と日本銀行で、富裕層の資産や市民の定期預金となるからである。そのため、日本の場合、当分破綻はないが、国民、市民（特に沖縄県民）は生活が窮屈になる。

現在のような行き詰まった経済構造のままだと日本は危機的状況に陥ってしまう。

人間が生きていくために重要な物に順位をつけるとしたら、食事、衣類、住み家（住居）、労働、学問、遊び（娯楽）、休みだと私は思っている。

中でも一番重要な食事について、食物を通貨の基準にする発想を思いついた。この案を実現するには時間はかかるが、ほかに良い代案があるだろうか？　いつかは誰かがやらなければならない目標だ。私が発案者になりレールを敷けば、後継者が現れるだろう。それが前提なのである。

経済構造が行き詰まった経緯

経済構造が行き詰まった経緯について考えてみよう。

生命のある人間にとって必要な物は、空気、水、食物、衣類、住み家、清潔、労働、学問、遊び、休みだが、最初の空気と最後の休み以外は物質の必需品、通貨で購入することができる。この通貨の基準となるのが、今は金（ゴールド）であって現在の通貨、紙幣分の金は存在しないため、紙幣が大量に流通している。このことも経済構造が行き詰まった原因のひとつと言える。

物と物の交換に支障が生じ、人々の生活に悪影響を及ぼす紙幣が適度に印刷されれば、庶民の経済生活が潤うが、流通紙幣が多いと通貨紙幣の価値が下がりインフレーションになる。逆に少なすぎると通貨紙幣の価値が上がってデフレーションになり、物価バランスが崩れて流通に支障をきたし、生産と消費のバランスまでも悪影響を及ぼすことになる。

デフレーションとは、たとえばチョコレートが１００円で買えたのが60円で手に入る状態のことを言う。チョコレート会社は生産した商品が安くなることで、収入が減り、経営が行き詰まってしまう。そうなるとリストラや賃金カットとなるだろう。従業員は収入が減り、物が買えない状態になる。このような景気が悪くなる悪循環が、デフレスパイラルである。

現在、先進国の中でも日本だけがデフレーションで消費税も上がり、非正規社員は増え、少子高齢社会に突入。国（政府）の債務（借金）は増える一方である。このような状態で日本はどうなるのだろうか？

経済構造が行き詰まった要因

資本主義経済構造が行き詰まった要因に、搾取の両端を挙げることができる。資本家は自由な生産で起業し責任を負うけれども、いかに少ない資本で最大の資本を生むかに執着している。労働者を搾取する側である資本家は、搾取して得た利益でさらなる資本を注入し、社会に貢献するのだが、執着心が強い（沖縄の方言で言うと「ガニ」）資本家はタックスヘイブンを利用する。企業の内部留保が膨らむ構造である。

経済構造が行き詰まった原因のひとつに、政府の経済政策がある。経済学者のケインズの唱えた波及効果、たとえば静かな湖に石を投げれば円形の波ができる現象で、社会資本（インフラ）、公共事業、ダム、道、川、港、学校、空港、橋、鉄道などに政府が事業を行えば民間が潤うのだが、資本主義経済構造では資本家がさらに拍車をかけて富の集中につながる。

需要と供給のバランス、いわゆる消費と生産が釣り合っていれば良いのだが、バランスが崩れ、独占企業状態になると、さらなる富の集中につながることになる。政府公共事業の資金は、国民や法人会社の税金でまかなっているため、富裕層や内部留保がたくさんある企業は税金を上げるべきなのだ。

市場原理主義経済の導入は、アメリカ合衆国ではレーガン元大統領による自由主義政策で始まり、低所得者に住宅ローンを貸しつけるサブプライムローンに発展した。しかし返済が焦げつき、大手金融機関の破綻や危機になり、リーマンショックにつながった。最近のアメリカ合衆国と中国の貿易摩擦戦争も、経済構造の行き詰まった現象である。

昨今のアメリカのトランプ前大統領と日本の安倍晋三元総理が締結したアメリカ産農産物の関税撤廃、日本産自動車の関税据え置き条約も、経済構造の行き詰まった現象といえるだろう。

新構想で現状を改善する

このように世界的に経済構造の行き詰まった現代社会では、抜本的に経済構造を改革する政策がなくて、政治家は困っている状態だ。よって、このような状況を改善するには、私が提案する経済構造の基盤、すなわちプラットフォームを変える構想は有効だと考える。食物を通貨基準にするアイディアを実践するビジョンもすでに構築しているので、大勢の方々のご理解とご支援をお願いしたいのである。

まず糸満ビジョンは、「糸満特区」を国会審議して議決されないと実現できない。そのためにも、私が政治家になるのが前提だ。政治家になるために私は新政治政党（世助党）を立ち上げて、2年後の糸満市議会議員選挙に立候補することを本気で検討中だ。選挙に出馬した際には、大勢の方々の賛同を切にお願い申し上げたい。

第3章

「糸満ビジョン」について

講演会での説明で、新構想の内容の大筋をお分かりいただけただろうか。

さて、これからが本論である。

ポイント① 食物を通貨の基準にする

私の提唱する「糸満ビジョン」では、糸満食物券（単位本）を作る糸満造幣局を建設し、日本銀行券（円）と同等価値の糸満食物券は糸満産食物に使用できる。糸満造幣局長をトップに糸満食物価値（値段）決定委員会を設置して、インターネットで糸満特区各産地から情報提供を受け、値段を変動相場制で決める。

たとえば、糸満産食物ゴーヤ1キロを500本、今なら500（円）として、これを糸満特区内での通貨の基準にする。この、通貨の基準にすることが大きなポイントである。

委員会では、糸満産食物の値段を意図的に沖縄県野菜中央卸売市場の値段より上げる。買控えが想定されるので、畑のない消費者に与座ビジョンでのメインの小規模小作菜園で自家製野菜を栽培して、自給してもらう。残れば直売所等に出荷する。

鮮度が落ちた食物は家畜の飼料にしたり、加工品（検討が必要）にする。家畜は個人的にはベランダ等で飼育可能で、卵を産むニワトリが最適である。そのためにも鶏糞を衛生的に処理する装置の開発が必要である。鶏糞を発酵させて畑に還元する。

ポイント②　「週休3日制」を導入する

小規模小作菜園での作業を可能にするため、糸満市在住の就労者を週休3日制にして確保する。この週休3日制にすることも大きなポイントである。

そうすると就労半農システムになり、これも大きなポイントだ。

このことで資本家の搾取を減らすことができる。この資本家の搾取を減らすことも大きなポイントであり、大きな目的である。

スペインでは週休3日制をテスト的に導入しているため、それを参考とする。

・糸満市在住就労者を週休3日制にして、就労半農システムの小規模小作菜園を作る。この週休3日制で小規模小作菜園での就労半農システムが、私のメインの政策である。

・自家製野菜を栽培して自給してもらう。
・就労4日制での賃金体系は各企業に委ねる。
・週休3日制は、金曜日、土曜日、日曜日とする。
・就労半農システムの半農は、週休3日制の1日か2日を食物生産作業に充てる。
・拘束力のない条例とする。
・各従事者が向上心を持って食物生産に当たり、品質の高い家庭菜園野菜を栽培自給、あるいは販売する。

ポイント③　食物基本法、食物保護法の制定も視野に入れる

食物基本法、食物保護法の制定も視野に入れている。

産業構造も食物産業、食物産業以外の第1次産業、第2次産業、第3次産業に分類する構想である。

食物産業従事者は儲かる。他産業従事者はそれなりに儲かるシステムの展望である。

さらに、拘束力はないが、パチンコ等のギャンブル禁止条例を制定する。

このことの理由は、平日の天気の良い昼間にパチンコ店で過ごすより、興味深い事柄を勉強することが良いのではという私の発想である。

糸満食物券は紙幣通貨のみとし、貨幣は造幣局発行の５００円玉、１００円玉、50円玉、10円玉、５円玉、１円玉とする。糸満特区内での買い物の支払いは、たとえば商品を買うと１０００本５５５円となる。レジスターも糸満食物券と日本円が両方使えるようにする。円との交換を銀行のＡＴＭ、あるいは窓口にする。

円と糸満食物券の為替相場を日本銀行総裁側と糸満食物価値（値段）決定委員会で決めるのを基本に、とりあえず１０００本と１０００円は同等価値で、糸満産食物の価値を小幅高上げるようにする。

軌道に乗れば糸満ブランド商品も販売する

糸満ビジョンが軌道に乗れば、食物産業従事者（農業専業従事者、漁業専業従事者）

が増加する展望とする。小規模小作菜園従事者も増える。

糸満産食物生産量が増えれば糸満特区外に販路を求め、糸満ブランド名（有機栽培、堆肥のみとせず雑草の利用も視野に入れる）で糸満ブランドを販売する。

食物産業従事者は儲かるシステムで、資本家の搾取は減る（資本家が一番恐れていることは従業員が辞めることである）。

糸満特区内では就労は辞めないで、週休3日制にすることで資本家の搾取を減らす。


今回の講演会を開催するに当たって大勢の方々の賛同をいただいた。

私が一番訴えたいことは、現在の経済構造が行き詰まったことである。

食物を通貨基準にする。

人類が平和で穏やかに過ごせる目的があるのだ。

糸満特区から、経済構造の基盤すなわちプラットフォームを変えることである。

糸満ビジョンが軌道に乗れば、次は沖縄ビジョンと発展。次々と拡大する構想である。

第4章
講演会後の神様達と私の意見

私が経済基盤を変えて、人類が平和で穏やかに過ごせる目的があるからだろうか、講演会のあと神様達や霊魂達も「誠さんにたくさん入って応援して後押ししたい」「誠さんが議員になるのを期待している」と伝えてきた。

神様達の意見と私の意見を合わせて、箇条書きで記す。

1．自由民主党議員の中には利権に群がる人が多いようであるが、彼らが悪いのではなく、現状では仕方ないのである。

資本主義経済構造では、搾取する側の資本家と搾取される側の労働者の両端である。

資本家は自由な生産と責任を手段に社会に貢献するが、競争原理での手法が狂えば破綻につながる。

企業は民事再生法で救済する政策になる。

民事再生法の骨子は、負債額の返済額を裁判所で減額して分割返済する法律である。

自由民主党は資本主義経済、資本家を手玉に取り、利権をあさる政党であると考える。この利権に群がり、長いものには巻かれろ、寄らば大樹の陰の思想である自由民主党は多勢に無勢だが、改革が必要な今、私が提唱する案は経済基盤を変える対策、食物を通貨の基準にする案である。

私が提唱する構想は壮大なので、バカげていて狂気だと思われるかもしれないが、このまま危機的状況が進んで破綻の社会に突入するのを阻止する案である。

私には社会を変える決意がある。こうでもしないと社会は良くならないからである。

2. 国の借金は今度のコロナ禍でさらに膨らみ、将来の子供達の足かせになる。

国債の大量発行はコロナ禍対策で仕方がない施策だが、自然災害の多さも国の借金の増大になる。歳出は建設国債、特例国債（赤字国債）、税収で賄える分と国債での補てん分がある。

国の借金は令和2年時点で約１１００兆円。国民が国債を買っているので破綻は免れているが、返さなければならない借金である。

国債発行の依存度は膨らみ、さらなる借金が増える構造になっている。

危機的状況に突入し、破綻の影が見えてきたのではないだろうか。債務不履行

（デフォルト）になる前に対策が必要である。

私が提唱する案は、この対策が経済基盤を変える案であり、食物を通貨の基準にするという大胆な発想である。実現不可能に思えるかもしれないが、すでにビジョンもできている。

3. 資本主義経済構造がもたらした格差で最大規模のものは、世界のトップの富裕層60人の資産と世界の恵まれない36億人の資産が同じであることだ。

経済格差や所得格差は悪いことではなく、仕方がないことである。仕方がないからといって、このままで良いのではなく、私の提唱する経済基盤を変え、食物を通貨の基準にする案でこのような状況を打破しようではないか。ビジョンもできている。

現在の通貨である日本銀行券は、社会の共同幻想に則った紙幣である。

ただ単に食物を通貨の基準とすると言っても、社会の底辺の意識を改革しなければできないことだ。

社会の底辺の意識を変えるには国会で審議して決議しないとできないが、まず糸満特区での糸満食物券を通貨にすることから始めて、段階的に進めていけば可能であるはずだ。

格差は恵まれない階層と恵まれている階層の間で広がっている。

経済的格差の大きな原因は雇用と労働問題にある。富の再分配が機能してないから、富裕層は富をさらなる投資や資本につぎ込むのである。

格差社会の日本では、若者や高齢者が貧困で苦しんでいる。

小泉政権時の労働者派遣法改正で増えた非正規雇用の貧困者対策が遅れている。

特に沖縄での子供貧困率は、全国平均の2倍強である。

富裕層や高額所得者への税率が低いことも、さらなる格差の拡大につながっている。

コロナでの派遣切りで雇用を止めるとますます苦しくなる。

経済格差とは賃金や収入、財産において差があることである。グローバル（国際的）には先進国と途上国との差である。途上国が窮地に追い込まれた時に通貨の基準である食物を援助すれば、戦争紛争は発生しない。

社会格差はどうしたら是正することができるか。

私は食物を通貨の基準にすることで、食物の付加価値を上げていけば可能であると考える。

格差を減らす方法としては、富裕層や高額所得者に増税をするのも一案である。

先進国では勇気、進取の気質、勤勉さは、かつてのようには報われない。

4．過疎化の浸透。コロナ後、地方分散を期待。

過疎化が進み、さらに限界集落に進むと消滅集落になる。これらの過疎化を食い止める策として、私は食物を通貨基準にする策を提唱している。これは食物が通貨基準なので、農業従事者が増え、地域の活性化につながる。

今回のコロナ禍でリモートワーク、テレワークが盛んに行われたが、この状況を見て、多くの仕事を地方分散に移行できると感じた。

5．国債発行で、将来消費税が30％から40％になる。

これは私の予測であるが、経済構造の行き詰まりで経済の発展成長は鈍り、格差の拡大で個人消費も落ち込み、税収も減少する。

国はさらなる国債を発行し、財政再建で消費税増税になる。大企業や富裕層への税率を増やすことで対応できるが、食物を通貨の基準にすることで、食物産業が発展できたら食物産業からの税収も期待できる。

食物を通貨の基準にするには、就労体制を週休3日制に移行して、休日に食物生産に従事する。こうすることで資本家の搾取を減らす効果がある。

6. 小手先の改革では変わらない。大ナタで変革する。

経済の歴史上、経済構造を変革してきたさまざまな政策が行き詰まっている現在、解決策が見出せない現状では、大ナタで切り拓く道しかない。この大ナタが経済基盤を変える案、食物を通貨基準にする案である。

7. 若者の選挙離れが著しい。

誰がなっても変わらない、無感心、興味がない。若者の政治に対する無関心の原因は、政治家が経済構造の行き詰まりを抜本的に改革できないからである。

私の提唱する経済基盤を変える案、食物を通貨基準にする案は抜本的改革案なので、経済発展、経済成長より心豊かな穏やかな社会、平和が望める社会になる。

8．私が目指すのは、経済発展成長も実現しながら、心豊かな穏やかな暮らしが得られ平和が望める社会である。

国民市民の就労４日制で資本家の搾取を減らすことができる。社会生産活動もこなしながら、個人での食物生産、自家製野菜栽培も行う自給自足の社会形態に移行する。

9．生涯独身者の増大。

日本の行き詰まった生活に不安な社会で、生涯未婚率は１９７０年に男１・７％、女３・３％から、２０２０年には男28・３％、女17・８％まで増加している。これらの要因が、単に結婚できない男、結婚しない女と割り切れないのは、日本社会が行き詰まり状態で、将来明るい展望が見出せず、先に進めず、結婚にたどり着けない未婚者が増加しているからである。だから社会の基盤である経済構造の改革が必要なのだ。今の政府の小手先の政策は良くないから、それを変えるために私のアイディアを提言する。食物を通貨の基準にし、週休３日制で休日の１日か２日は食物生産に従事して、就業もしながらである。食物が通貨の基準なのは、通貨が共同現象でその価値が存在するからだ。

生涯独身者の増大に対し、神様達は、日本の社会が負の破局へ入って進行しつつある状況が端的に表れていると言う。だから神様達は、私の改革案が実現して世の中が平和で穏やかになることを望んで、私に降臨しているのである。

10．自殺率の高止まり。

日本の自殺者数は、先進国の中でも上位で推移し、２０１７年の世界上位ランキングでも18位と高く、社会問題になっている。その要因は、経済・生活・家庭問題、その他勤務問題の増加である。この根本的原因は、生活の不安定や経済構造が行き詰まった結果だ。経済構造が行き詰まっていることは、歴史的にも世界的にも、資本主義社会の行き詰まりと搾取の二極化での格差拡大、共産主義、社会主義国家体制の破局の結果である。だから世界の主流経済である資本主義経済構造をベースに、経済基盤（プラットフォーム）を変える改革が必要なのである。金融緩和や金融引き締めの小手先の政策より、経済基盤を変え通貨の基準を食物にすることと、週休３日制を導入して休日の１日か２日は食物生産に従事することで、資本家の搾取を減らすべきだ。改革が必要だが、現状のままだと社会全体が危機に陥る。

　自殺者の高止まりに対して神様達は、自殺者の心情はさまざまだが、個人と対人や社会の経緯でのことと、穏やかに過ごす能力を身につける習慣が必要だと言う。

11. 大資本家や富裕層、大企業の税金を上げることが肝心。景気を良くする。

　日本の現状、大資本家や大企業の内部留保は、大資本家や富裕層、企業のチャンスと努力のみの賜物ではない。一般大衆や客があっての利益だからである。国は、資本家や大企業の税金を上げることが必要だ。国のさまざまな施策での資金は、最終的に大資本家や富裕層、大企業の蓄えになることを国民が理解して選挙に臨んでもらいたい。

大資本家や富裕層、大企業の税金を上げることについて、神様達は、良いことだと思うし、累進税を上げることに大賛成だと言う。消費税が段階的に上がるのだから、累進税も上げるべきだ。将来の日本の展望は、少子高齢化に人口減少、国債の大量発行での消費税の上乗せ。財政政策や金融政策での景気浮揚で、個人消費や設備投資を活性化させ、経済成長率を高めようとすること自体が負のスパイラルにつながる。だから、抜本的改革が必要だ。経済発展や成長はそこそこに、平和で穏やかな暮らしにつながる、食物を通貨の基準にし週休3日制にする私のアイディアを導入するべきである。

12. 日本は少子高齢化に入り、さらなる若者の負担が増えるので、現状の経済構造では将来の展望に暗雲しか見えない。経済基盤を変えなければ国は危機に陥る。私の、食物を通貨の基準の発想とビジョンで現状を打破して改める。

13.国政で野党民主党が政権を握った時、小手先だけの政策で短命に終わった。私が提唱する経済基盤を変える大改革が必要である。

14.週休3日制で資本家の搾取を減らし、労働者の食物生産で心豊かな穏やかな暮らしを実現する。

現状の資本家が恐れているのは、労働者が辞めることである。過去の経済の歴史でカール・マルクスが唱えた資本論における、資本主義経済の搾取に対抗する共産主義、社会主義体制。これらの行き詰まりで、資本主義経済構造が主流になり、搾取の二極化での格差の拡大が、グローバルにも、国単位でも個人単位でも広がっている。だから、抜本的改革が必要である。資本主義経済構造をベースに、生産の自由、破綻の確率の上に、週休3日あるいは4日制にして搾取を減らすのである。食物生産に週休3日の内の1日か2日をあてる労働者の意欲のもと、食物を通貨の基準にする。食物が通貨の基準だから、必然的に食物の付加価値を上げることが可能である。食物生産に従事し、生物相手の作業となるため、人々は心豊かで穏やかな心情になるはずだ。
神様達は、私のアイディアや提唱は理想的で、実現可能であると言っている。

15．辺野古。

沖縄県名護市辺野古での普天間米軍飛行場の代替施設建設は、県民投票で72％が反対であるにもかかわらず、国が推し進めることは、民主主義に逆行する暴挙である。

これに対する神様達の意見は、辺野古の新基地建設は、県民の平和を希求する感情を逆なでしているという。A元総理にどう思うか聞いてみると、県民の反対に対して国策だからと推し進めると、何らかの痛みや犠牲を伴うと言っていた。だから、沖縄は将来独立した方が良いと思うとのことである。

16．防衛費増について。

ロシアのウクライナ侵攻や北朝鮮のミサイル発射の増加で、国の防衛費が増えている。今後も増加の道をたどる政策に対して、争いや戦争は良くないため、平和的解決手段として相手国に食物を支援する発想を提唱した。そのためにも、食物を通貨の基準にする必要があるのだ。そうすればおのずから、世界は平和に向かうだろう。防衛費増について神様達は、日本が戦争に向かって軍事力を強化するのは、憲法９条に逆行するので良くないと言う。

17. 法人税。

法人税は、累進税にすべきだ。大企業の税金を上げることが肝心である。大企業の内部留保は、企業のチャンスと努力のみの賜物ではなく、一般大衆や客があっての利益だからである。

18. 財政危機は、コロナウイルス以前で赤字国債発行残高は１千兆円以上で、令和元年の国債発行高は１４８・７兆円であった。国債の発行に依存する要因は景気の下振れで税収の落ち込み、高齢化の進展による歳出の増大などである。

19. 国民は底辺が変わらなければ、社会は良くならない。

私の小学校の恩師、高良幸助先生の教えは「今の社会はトップが変わっても変わらない、底辺が変わらなければ良くならない」であり、だからこそ抜本的経済改革が必要なのである。大学の恩師、玉野井先生の教えである「開かれた地域主義経済」に、食物を通貨の基準にし週休3日制を導入することで、食物生産に従事する。半就労、半農的で、社会基盤を変えていく構想である。急に全体を変えることは良くないので、徐々に変えていくべきである。

これに対し神様達は、食物を通貨の基準にし経済基盤（プラットフォーム）を変えて世の中を良くする提案は素晴らしいと言っていた。

20. 私は「世助党」を立ち上げた。

私は令和元年5月に世助党を立ち上げ、世の中を良くする政党を組織した。しかし、党員も少なく、私の意図する構想ビジョンが行き渡らず低迷している。読者の方々が賛同してくださることを望んでいる。

神様達は、私は世の中を良くしたいと思う気持ちが強く、神様達や霊魂もたくさん入ったと言う。今日もノーベル賞作家のO氏が入り、「誠さんに入れてくれてありがとう」と感謝された。多くの方々が、私の構想ビジョンに賛同することを願っている。

21. **家庭菜園で地域活性化する。食物を通貨の基準で食物を大事に、生きている人間にとって最も大事な「食物を通貨の基準に」の発想。**

生きている人間は食事を摂取することが最も大切な行動だから、食物を通貨の基準にする。ビジョンもできているので、多数の方々の賛同を願っている。

22. **愛は料理、食事、いつくしみ。**

愛はさまざまあるけれど、食べなければ生存できないので、料理と食事が最も重要な愛であると思う。

23. 子供への影響。

親が食物生産に時間を取り作業すると、子供は親の手伝いが可能である。食べ物を作る作業は、基本的環境（畑、水、肥し）に人が労力を加えて成り立つ。子供は、親の手伝いや生物を育てる作業によって、心豊かで丈夫に育つのである。

神様達も、親の手伝いをしながら生物に触れ合うことは、大切なことだと言っている。

24. 地域創生ビジョン、小規模小作菜園。

玉野井先生の「開かれた地域主義経済」という教えをベースに、地域創生ビジョンは地域単位で通貨を流通させ、基軸の円との交換で活性化する。煩わしいが、世の中を良くするためにめんどくさいことを熟《こな》すことが重要だ。小規模小作菜園を各地に作って、地域を活性化させるビジョンである。

25. 沖縄のリゾートは、何を主体にするかで私の提唱する経済基盤を変える新しい経済構造文化である。私には社会を変えてみせる決意がある。

26. 学問は解っても物事が解らない上。

学問的に資格等で上に立っても実際の体験が伴っていないため、物理的に不可能な指示を上が出すことで、社会は混迷する。私のビジョンは、地域を特区にし実験的に作って、可能かどうかを判断する構想である。成功すれば、徐々に拡大するだろう。ハードルは高いが、作ってみる価値はあると思う。

神様達は、特区の構想を国会で審議し通過しなければできないビジョンであるが、ＮＨＫ総合テレビ番組『映像の世紀バタフライエフェクト』の発案者でも良いのではないかと言っていた。

27. 宗教なら殺されても殺さない。殴られても殴り返さない。

非暴力の思想である。皆がこの思想なら、争いは起こらない。降りかかる災難や言葉は一旦受け止め、時間をかけて咀嚼し、判断して行動する必要がある。

28. 防衛費を削減する。他国が侵略しそうなら食物を援助して解決する。

食物を援助するためにも、食物を通貨の基準にし、食物の付加価値を上げることが必要である。

29. 米ドルは為替相場。基軸通貨の金相場が通貨の基準を食物にし、共同現象で変える。

国民の底辺の意識を変え、食物を変動相場とし、食物価値決定委員会で決める。

第5章
沖縄問題の解決方法

「糸満ビジョン」を軌道に乗せるためには、まず沖縄の現状をしっかり把握しておかなければならない。この件についてO前沖縄県知事（霊魂）が私に意見を寄せてくれたので、その内容を記す。

沖縄の現状について

「O前沖縄県知事の意見」

沖縄から見た場合、日本の民主主義は崩壊している。理由は辺野古新基地建設について県民の72％が反対なのに、政府は強硬に押しつけているからだ。

沖縄復帰について、私の思いは大局的には良いが、不満も多い。本土や米軍からいじめられ、差別され、虐げられている。過去も現在も、沖縄の犠牲の上に大和の発展成長がある。

沖縄の貧困率は34・8％。全国平均18・3％より高い。子供の貧困は沖縄がワーストと言われている。平均所得が低いのに、生活コストが割高であることが原因とされている。

県民所得も２４１万円で全国最低水準である。

県民の大半が麻酔を打たれた麻痺状態になっている。県民の中には天気の良い平日にパチンコ店に行っている者がいる。通勤の車中でゆっくり考えたり思いをめぐらしたりすることができない。帰宅すれば、毎日の生活に追われてボーッとして、のんびりし、弱い県民になっている。

弱い県民を克服するには、強くなるしかない。沖縄問題の重要な要素である大和の裕福な発展成長は、沖縄の犠牲の上に成り立っていることを、県民が勉強し深く理解することで改善の糸口にしたい。私の意見として、沖縄県民には静かに深く思考する時間を増やしてもらいたい。沖縄の現状を打破するきっかけにしてもらいたいと思う。

誠さんの提唱する食物を通貨の基準にする施策と週休3日制を導入し、資本家の搾取を減らしながら経済基盤を変えていけば、県民の豊かで平和で穏やかな暮らしが実現達成できるだろう。

沖縄は将来的には独立自律的発展の道が望める。

観光産業のさらなる発展成長と沖縄近海の埋蔵資源開発が鍵になるだろう。

現在でも国税納付金は４１１９億円（令和２年）で、沖縄振興予算２６８３億円（令和４年）と、国に納めている税金が国から受け取る振興予算より多い。

これらのことから、県民がその気になれば独立自律的発展の道は可能である。でも今はまだ下地が整っていない。今、闇雲に独立すると混乱するばかりだろう。方向性もないままでは無謀としか思えない。よって誠さんの提唱する「食物を通貨の基準とする施策と週休３日制」が実現達成できた暁には、独立自律的発展に向かって進めるべきである。

A元総理からも辺野古新基地建設が提案された。嘉手納基地以南を返還したあと、沖縄問題の解決方法としては、将来は独立自律的な発展が良いと思う。

戦中、戦後、復帰後、現在と沖縄は本土から虐げられ、だまされ、差別を受け、食い物にされてきた。それが沖縄の歴史である。沖縄の犠牲の上に本土の裕福な発展成長があったことをA元総理も認めている。

沖縄問題について阿弥陀如来、釈迦如来、イエス・キリスト様達も次のような意見を寄せてくれた。

沖縄県民のほとんどが穏やかに過ごしているので、一部の住民が苦しい思いで暮らしているのが分かりにくい。今はＰＦＯＳの問題（米軍基地周辺の水質調査で、有機フッ素化合物の濃度が目標値を超えたと発表された）もあるが、全体的に考えても、沖縄県が独立するのは早いと思う。将来、独立自律的発展の希望は捨てない方が良いと思う。

霊魂達との会話

▼令和４年５月１日午前７時頃（自宅）

「〇前沖縄県知事との会話。前知事の沖縄問題解決についての意見」

誠　沖縄は独立した方が良いでしょうか？

〇　独立には前向きに賛成ですが、誠さんが提唱する食物を通貨基準にと週休３日制で食物生産に従事（自家製野菜栽培など）するビジョンが、ひとつの自治体で実現できて、沖縄全体で実施軌道に乗ったあとで独立するのが一番良いと思います。

▼令和4年5月2日午前10時頃（自宅）

「元衆議院議員Tさんとの会話」

去年（令和3年）4月中旬に亡くなった元衆議院議員のTさんが誠に入ってきた。

誠　Tさんは琉球独立に賛成ですか？

T　そうです、大賛成です。

誠　私の司会で、県知事経験者のOさん、Yさん、Nさん、そしてTさんとの討論会を今日の午後に予定しています。

▼令和4年5月2日午後4時頃（自宅）にて討論会を行う

前述の4名、及び阿弥陀如来、釈迦如来、イエス・キリスト様達も同席して討論会が開かれた。

司会　賀数誠

議題

・沖縄（琉球）の過去・現在・未来の展望

・沖縄（琉球）の独立をどう考えるか
・誠の食物を通貨の基準に、週休3日制で食物生産に従事に関する件

誠　初めに沖縄（琉球）の過去、現在、未来の展望について、Tさんからご意見をお願いします。

T　沖縄は過去に蹂躙され、虐げられ、さらに沖縄戦で甚大な損害を受け、住民の命が奪われてきました。戦後の米国統治下の理不尽な事件事故、米軍基地の集中、復帰に関する建議書の空洞化、復帰後の米軍基地過重負担、県民所得低水準によるザル経済、子供の貧困問題、産業構造がいびつで付加価値が高い製造業が少ない。また、沖縄が「基地の島」であるがゆえ、日本の安全保障を支えています。将来の展望は、基地が集中しているから戦争、侵攻、紛争の矢面に立つ確率は他府県に比べ高いでしょう。かといって中国がロシアのプーチン大統領のようにいきなり攻め込んでくる確率は低いと思います。理由は沖縄に侵攻したら国際社会から非難を浴び、ボイコットを受ける羽目になるからです。

沖縄の将来自律的発展の展望ですが、たしかに今はコロナ禍で観光産業が振るわないのですが、コロナ終息後には持ち直すと考えられます。そこで、自律的発展の起爆剤になってほしいのが誠さんの提唱する「食物を通貨の基準にし、週休3日制を導入して資本家の搾取を減らし、食物の付加価値を上げる」という構想です。この構想こそ自律的発展に導く道筋だと思っています。

誠　ありがとうございます。では次にOさん、お願いします。

O　沖縄（琉球）の過去、現在、未来の展望の中で、過去についてはTさんのご意見とほぼ同じです。現在はコロナ禍で先が見通しづらいのですが、現在の沖縄県知事を先頭に県民が一丸となって対応していただきたい。
知事に一言。県知事として自信を持って臨んでください。未来の展望については、知事も自律的経済発展は道半ばと言われています。やはり誠さんの提唱する構想を採用することで、さまざまな変革につながる起爆剤にしてもらいたい。

誠　ありがとうございます。では、次にYさん、お願いします。

Y　県知事時代の私のやるべきことは祖国復帰でした。

誠　建議書が通らない形の復帰が実現したわけですが、今の気持ちはどんなですか？

Ｙ　誠さんの中にいて沖縄の現状をある程度理解していますが、私は今非常に悔しい思いです。沖縄が今置かれている状況は、米軍基地や自衛隊があることによる差別、蹂躙、虐げられ、だまされ、押さえつけられていることです。日本政府や他府県からの抑圧です。

阿弥陀如来　私はその状況が深く理解できません。

釈迦如来　私も同じです。

イエス・キリスト　私はある程度理解しています。

誠　阿弥陀如来、釈迦如来さんはなぜ深く理解できないのですか？　反発の県民集会を何度もやっているのに。

○　何度もだまされ、押さえつけられた経緯を理解してください。

阿弥陀如来、釈迦如来、イエス・キリスト　同胞が生活、暮らしを虐げられていることを日本国司法も黙認してだまし続けているからでしょう。理解できました。

誠　次にＮさん、お願いします。

N　私は自由民主党の立場ではありますが、日本政府の沖縄関係予算で補う国の姿勢はあまりにも酷いです。あからさまにアメとムチの両方を使っての未来が続くかと思うと胸が苦しいです。沖縄が統一した〝オール沖縄〟の力を継続発揮できる手当てが必要です。そのためにはどうしたら実現達成できるか研究してください。

誠　沖縄の独立をどう考えるか？　Tさんからご意見をお願いします。

T　誠さんの経済基盤を変える視野は世界まで及ぶでしょう。誠さんと同じ意見です。すなわち沖縄が独立しなければ米国や本土から押さえつけられ、いいように利用され続けるかもしれません。独立しかないのですが、皆さんと同様、私も時期がまだ来ていないと思っています。

（全員賛同）

誠　最後に司会の私から、私の「食物を通貨の基準に」と「週休3日制で食物生産に従事する」という案について、Oさん、ご意見をお願いします。

O　誠さんの新しい経済構造、ビジョンを世の中（県民、国民）に広く周知する行動をしてはどうですか。

誠　そのためにはどうすれば良いでしょうか？　Ｔさん、ご意見を。

Ｔ　方法としては、①本を出版する。②新聞に投稿する。③講演会を開催する。④メディアを利用するなどが有効だと考えます。

誠　貴重なご意見をありがとうございました。

誠　阿弥陀如来様に伺います。誠のビジョンは実現可能でしょうか？

阿弥陀如来　可能です。

誠　一番の難関は国会で審議して通過させることです。たとえば糸満食物券（円と同等価値）と印刷局。週休３日制を糸満市在住者に限り認めることなど。ハードルがかなり高いと思いますが、こうでもしないと日本は危機的状況に入っていて、さらに将来破綻する確率が高いからです。今このビジョンでひとつの地域から変えていき、特区で実現達成して波及していくことで、日本を良い方向に転換できると私は考えています。

▼令和4年5月12日午前3時頃（自宅）

「N元沖縄県知事との会話」

N　おはようございます、沖縄が今後良くなる研究をしてください。

誠　私は食物を通貨の基準にする。そして週休3日制で食物生産に従事する。ビジョンもできています。研究の結果です。

N　そのビジョンを詳しく説明してください。

誠　食物を通貨の基準と週休3日制は、あるひとつの地域自治体で特区を制定する。国会で審議して通過しなければ実現達成できないのですが。

N　特区で実験的にやってみるということですか？

誠　そうです。

N　可能性はゼロではないですね。ビジョンを国会で審議するのですか？

誠　ある地域の食物券（円と同等価値）を発行して流通させる。（特区内で）食物の値段を意図的に上げる。そして自家製野菜栽培など食物生産に週休3日制の内の1日か2日を充てる（資本家の搾取を減らす）構想です。

N　地域食物流通券ですか？

誠　そうです。円と交換も可能です。専用のキャッシャーを導入する。紙幣だけで硬貨は円です。

N　地域で通貨を発行するということですか？

誠　そうです。私の恩師・玉野井先生の開かれた地域主義経済です。こうでもしないと世の中は良い方へは変わらないと思っているのです。

▼令和4年5月28日午前10時頃（自宅）
「沖縄問題について、元衆議院議員のSさん、N元沖縄県知事との会話」

S　私のような生き方をしなさいではなく、行動することが大事です。沖縄は虐げられ、食い物にされ、押さえつけられ、差別され、だまされ、裏切られてきました。沖縄から世の中を変えていきましょう。食物を通貨の基準で理論的に実行していきましょう。

誠　どのように行動するのですか？

S　まずは理論を組み立てることです。次に実際に活動すること。そして仲間を増やすこと。そのためにも講演会などを催すことです。

N　沖縄についての話。誠さんの食物を通貨の基準にするというのは、とても良い提案だと思います。実現達成できるかどうかは本当に不明ですが、やってみる価値はありますね。以上です。

（誠の意見）

『琉球独立は可能か』（金城実・松島泰勝著）48頁によると、沖縄は、復帰前はアメリカ政府と、復帰後は日本政府との二重の闘いを強いられている。この50年間、日本政府は琉球人（沖縄の人々）の平和を求める心に寄り添うどころか基地機能を強化している。

琉球独立は国際法上可能である。

第6章

私が目指していること

私が目指しているのは、大きく分けて次の４つのことである。
①世界平和
②人々の穏やかな暮らしと心情
③格差拡大の阻止
④非暴力（殺されても殺さない、殴られても殴り返さない）

世界平和について

「ＤＮＣ職員の意見」

世界平和は理想だが、今の世界情勢でロシアのプーチン大統領がウクライナに侵攻した。国連の常任理事国のロシアが戦争を仕掛けて、安全保障理事会ではウクライナ侵攻非難の決議案に対して、常任理事国のロシアが拒否権を発動、中国が棄権。国連の体制機能が不十分である。敗戦国の理事国も必要ではないか。

現在の世の中、社会、世界が行き詰まっているかどうかについて、読者の皆さんはどう思うだろうか？　私はどんどん行き詰まって、数十年後には危機に陥るだろうと考えている。不明の方々は覚醒してもらいたい。

「神様達（阿弥陀如来、釈迦如来、イエス・キリスト様）の意見」

有史より平和を求める権力者が、平和を求めるために戦争を実行した。

第二次世界大戦後に国際連合が発足したが、現在はロシアのプーチン大統領のウクライナ侵攻で形骸化されている。その根本的要因は、欲望の高まりと自国の発展成長、他を排除してでも優位に立つ姿勢である。

これらの根本的要因を取り除くための唯一の策は、賀数誠の唱える食物を通貨の基準にして週休３日制にすることである。

その具体的根拠と効果は、食物は人間が生きていくために最も重要なものであり、食物生産は生きる術だから。生きている人間にとって最も重要な食物を通貨の基準にすることが可能だから。

食物を通貨の基準にする具体的ビジョンもできているし、実現すれば食糧危機が改善される。食物生産に従事する人口が増えることで食物生産産業が活気づき、全産業が潤う（波及効果の起爆剤）。食物を通貨の基準にして週休3日制で、休日の1日か2日を食物生産に従事すれば、資本家の搾取を減らしながら労働者は収入が得られ、さらに自然に触れ合う余暇での食物も得られる。平和で心穏やかな暮らしが満喫できるのである。

食物生産に従事することの効果

・健康に役立つ。
・経済的に豊かになる。
・穏やかになる。
・社会状況が円滑になる。
・世の中が平和になる。
・人々にも地球にも思いやることができる。

人々の穏やかな暮らしと心情について

「阿弥陀如来、釈迦如来、イエス・キリスト様達との会話」

神様達　穏やかな暮らしを満喫するには満たされることが条件です。足るを知ることが肝心です。意識的に欲望にとらわれないことが肝心です。欲望にとらわれるときりがないですから。

誠　欲望にとらわれない精神とは？

神様達　欲は悪いことではなく、欲張りすぎることが悪いことです。

節制して度を超さないことが肝心です。

私達は「何事も程々に」と言っているのです。

満たされていることを認識してください。

最も大切なことは静かに過ごすことです。

静けさの中に力は宿るのです。

仏教での涅槃寂静、すなわち煩悩をなくし絶対的静寂に心身を置くこと。

煩悩は心身を煩わし悩ませること。煩うこと。あれこれと思い考え、苦しみ、悩むことです。

煩悩は欲と直結しています。

「欲をなくしなさい」と言っているのではなく、欲はあって当たり前だけど欲張りすぎないことが肝心だと言っているのです。そうすることで煩悩がなくなり、あれこれと思い悩んだり、苦しむこともないのです。そこそこの生活で暮らしましょう。

物を大切にしながら、心静かに過ごすことです。このことが世界平和につながるのです。

格差拡大の阻止について

「私の意見」

現在の世の中は世界規模でも国単位でも地域単位でも個人単位でも、格差拡大が進んでいる。

格差拡大は、経済格差、所得格差、情報格差で、原因は非正規社員やフリーターの増大、競争原理での差の拡大、都市部と過疎地との地域格差拡大。これらの経済格差、所得格差の大元は、資本家の搾取と労働者階級が搾取されることである。搾取の二極化での格差拡大の原因である。

週休３日制あるいは週休４日制での、食物を通貨の基準にするという私の案について説明する。

実現達成できると、資本家の搾取を減らすことが可能である。

労働者は休日に食物生産（小規模小作菜園、自家製野菜栽培など）に従事して、平和で穏やかな暮らしが満喫できる。

労働者が週休3日制あるいは週休4日制での休日に食物生産に従事することが実現達成できると、労働者は企業での収入と休日での収入（食物生産）で、物質的にも精神的にも豊かになる。

このことで非正規社員やフリーターは収入が増える。競争原理での格差拡大は、自由生産の資本主義経済での結果である。

そこで、週休3日制あるいは週休4日制での企業就労を減らすことで、競争原理を減らすことにつながる。

地域格差拡大は都市部への人口流入だが、最近はテレワーク、在宅勤務で地域への移住も増えているので、これに週休3日制あるいは週休4日制、休日に食物生産（小規模小作菜園、自家製野菜栽培など）を取り入れると、地域が活性化することで地域格差拡大が減少する。

「神様達（阿弥陀如来、釈迦如来、イエス・キリスト様）の意見」

格差拡大は富める者と貧困者の経済的所得格差によるものが最大の要因である。

その原因は歴史的にも古く、格差の拡大は仕方のないことだ。

でもこの仕方のないことに対して、少しでも格差拡大を阻止しようとしている誠の案を私達は後押しする。

「アフリカの多神教の神様達3、4名の意見」

アフリカは経済的発展途上国が多く貧困層が多いため、現在は、民主主義社会よりも権威主義社会に重きを置いている。

中国が権威主義社会で発展成長して成功しているし、支援も受けている。一帯一路に参画することも見られるが、かといって中国の野心を全て受け入れるのではない。中国の問題には触れたくないから。

格差の拡大阻止については、阿弥陀如来、釈迦如来、イエス・キリストと同じ考えである。仕方のないことなので誠の意見・構想を後押しする。

非暴力について

「殺されても殺さない、殴られても殴り返さないについて私の意見」

私は過去に他人に殴られても殴り返さなかったことが4回ある。

1回目は高校生の体育の時間。クラスメイトから突然、左右のフックパンチを5、6発受けた。なぜ殴られているか不明だった。

あとで考えたら、殴られる前に小石を投げて遊んでいたからだと思う。

2回目は精神科医院に数回目の入院中。ふざけて言った言葉に相手がいきなりキックしてみぞおちにヒット。苦しかったが反撃しなかった。

3回目はデイナイトケアーで、わけもなく右側顔面を6、7発殴られた。殴られる意味が分からないので反撃しなかった。職員に聞くと、パパイヤの木に私が釘を打ったからだった。

4回目は11年前の7回目の入院中。患者の一人に殴られた。理由は、自分のベッドではなく隣のベッドに寝ていたからだった。右側唇を切ったが殴り返さなかった。

私は殺されても殺さない。相手が私を殺害しようとしても、正当防衛であっても相手を殺害しない。今はバツ２で子供もいない（恵まれない）ので失うものがない。

「私の非暴力主義について神様達の意見」

誠の「殺されても殺さない」という考えに共感している。「殺されても殺さない」は誠の主義だと思うから。誠の主義は立派である。全ての人々に「殺されても殺さない」という思いがあれば世界は平和になるだろう。

第7章
神様達との会話

すでに述べたように、私は神様達や霊魂達と会話することができる。そのために周囲の者に理解されないこともあり、たびたび精神科に入院させられてきた。

神様達や霊魂達と直接会話できるようになったのは7回目の入院の時であった。それ以来、神様達と頻繁に会話するようになり、私の生活の一部のようになっている。

神様達や霊魂達は私の新構想やビジョンについて貴重な意見を伝えてくれるだけでなく、プライベートな問題についても意見を言ってくれたり、アドバイスをしてくれるので大変助かっている。

神様達や霊魂達との会話が、実際どのようにして行われているのか、興味のある方もいるかと思うので、その様子をこの章と次の章でご紹介しようと思う。なお私的な内容のものは本書のテーマと直接関係がないので省いた。

私に入っている神様達

私に入っている阿弥陀如来は、約1万年前から約2600年前までは、エホバとアッラーとが合体した同一神であった。

阿弥陀如来とエホバとアッラーは、約1万年前に地球と似た惑星（エントラー）から魂が合体して脱出したのである（そして、合体したまま宇宙空間を遊泳）。その根拠は、エントラーの滅亡が確実視されていたためであり、合体して新しい惑星を求めたのである。

惑星地球を発見したのが約６０００年前。その後、約３４００年間、人類の様子を観察した結果、地球が滅亡したエントラーの後追いをする恐れがあると認識し、それを阻止するために、約５００年の間隔でお釈迦様に阿弥陀如来が、キリスト様にエホバが、ムハンマドにアッラーが降臨した。

お釈迦様がまだ胎児の状態でマーヤー夫人の胎内にいた時、出生の2週間前に阿弥陀如来が降臨した。お釈迦様は誕生してすぐ歩き、「天上天下唯我独尊」と発声したのは事実であると、私に入っている釈迦如来さんが言っている。

お釈迦様は阿弥陀如来からの啓示を受け、形《けい》而《じ》上《じょう》（かたちのないもの）で、弥陀の誓願（全ての人々を救いとられる）を引き受ける覚悟をされた。

お釈迦様が現れた約５００年後のこと、イエス・キリスト様がまだマリア様の胎内におられた時、出産の１週間前にエホバとして降臨したのである。その約５００年後に、今度はムハンマドにアッラーとして降臨したのである。

約２６００年前のお釈迦様に降臨したあとは、別々の神様達に姿を変えたと言っている。私は阿弥陀如来（同一神）を「宇宙の主」と呼んでいる（12年前から現在に至るまで、私は阿弥陀如来と呼ぶ）。私に入っている釈迦如来さんが生前に阿弥陀如来と会話して、「弥陀の本願」を聞いたと言っている（現在、エホバとアッラーは私に入ってない）。

私に入っている閻魔大王が「地獄は空《から》です」と言っている。理由は、私に入っている６００億人の霊魂達が成仏して極楽浄土にいるから。ただし、現在は地獄行きが少しいるようだ。

阿弥陀如来（同一神）・宇宙の主は、地球人類と同じ姿をしていると言っている。地球に似た惑星は銀河系に７つ存在している。滅びた星もある。誕生したての惑星もある。

阿弥陀如来（同一神）・宇宙の主と釈迦如来は、地球の人類が、あと50年後か60年後に危機的状況に陥ると言う。危機的状況とは、環境破壊か格差の拡大、または核戦争である。このことを抑止するには、私の提唱する食物を通貨の基準にして資本家の搾取を減らし、心豊かな生活暮らしにすることが必要である。

阿弥陀如来が生存していた惑星では、現在の人類と似た生物は存在していたと言っている。ビッグバンは１３８億年前、ビッグバンから92億年で太陽系誕生、ビッグバンから５億年で銀河が成長した。

エホバさんから「救世主」と言われる

私が新しい経済基盤を変える案（アイディア）を持っているからか、エホバさんからは「あなたは救世主です」と言われている。９年前、浦添市のマンション新築現場に出勤中に、繰り返し繰り返しそのように言われたのである。工事現場の人達には聞こえなかったに相違ないが。

　エホバさんとは、言うまでもなく旧約聖書に登場するイスラエルの神である。エホバさんが「あなたには神様達（３年前３０００万人、１年前５０００万人、現在６０００万人）や霊魂達（３年前３０００億人、１年前５００億人、現在６００億人）が入っている」と言ったのだ。

　あり得ない話と思うだろうが、しつこく「入っている」と言っているし、本書の執筆についても「口出しする」と言っている。

『３本柱に世の中と私が釣り合う』

幻聴や妄想ではないことを霊媒師に確認する

私に入っている神様達（現在６００万人）や霊魂達（現在６００億人）が、本当に入っているのかどうか霊媒師に確認したところ、「今まで通りに進みなさい」との答えだった。

その霊媒師に「本当に阿弥陀如来や釈迦如来やイエス・キリストが入っているのですか」聞くと、「本当ですよ」と言っていた。そのため、幻聴とか妄想ではないと思う（主治医も「いいんじゃないの」と言っている）。

日々交わしている神様達との会話

以下は神様達と私との会話である。冒頭の▼で記した日付や場所は、私が神様達と会話をした時刻や場所を示している。

▼令和4年4月19日午前1時頃

「阿弥陀如来からの提案」

地球人類が続くために行うべきことは、

・質素な生活・暮らし。贅沢をしない生活。

・物を大切にすること、我慢すること。

・心穏やかにすること。

・心清らかに前進すること。

「釈迦如来からの提案」

人類が存続するために行うべきことは、

・愛すること。

・全てのことに覚醒して怒らないこと。

・心清らかに正しく生きること。

▼令和4年4月20日午前7時頃
「阿弥陀如来、釈迦如来、イエス・キリスト様達の話」

会話の内容を記録してもらいたいと言われた。
・誠は出しゃばらないこと。
・霊的能力に執着しないこと。
・宗教の祖者（開祖）にならないこと。
・経済基盤を変えることをメインにして、世の中を良くする救世主であること。
・本を出版すること。
・命が1番、健康2番、心3番、お金4番。
・誠はとりあえず500歳まで生きる（肉体は生きない）。
（だが、私は頭もハゲ、白髪も増えているから、これは信用できない）
50～60年後には分かるだろう。なってみないと分からない。
沖縄が良くなり、日本も良くなり、世界も良くなるように行動をすること。

▼令和4年4月20日午前10時頃

「阿弥陀如来、釈迦如来、イエス・キリスト様達との会話」

この時、私に対して初めて「ノートに記録するように」と指示してきた。

・誠は経済基盤を変えて世の中を良くする救世主である。

・出しゃばらないこと。

・救世主に執着しないこと。

・宗教をやらないこと。

▼令和4年4月20日午後1時頃

「3名の神様達より誠に、経済基盤を変えて世の中を良くするための5つの提案」

①世の人々に経済基盤を変える必然性とそのビジョンを説くこと。

②前記のことと3名の神様達と神様達の意識を本に書くこと。

③3名の神様達のことを書くこと。

④誠の7回目入院について書くこと。

⑤積極的に行動すること。

▼令和４年４月20日午後２時頃
「３名の神様達より誠に３つの申し込み」
①健康のために適度な運動とバランスの取れた食事をするように。休養も大事。
②世の中を良くするように。
③人々のために働くように。

▼令和４年４月20日午後３時頃
「３名の神様達が誠に５つの提案」
①食事、衣、住、働、学、遊、休、清潔。
②学問して、社会を良い方向に導くこと。
③朗らかに生きること。
④くよくよしないこと。

⑤のんびり明るく暮らしましょう。

▼令和4年4月20日午後3時頃
「3名の神様達が誠に伝えたい3つのこと」

①良い縁があれば結婚してください。
②本のタイトルは「経済基盤を変える。食物を通貨の基準で。週休3日制」にすること。
③我々3名のことも発言も本に書くこと。

▼令和4年4月20日午後8時頃
「3名の神様達が誠に伝えた『やるべきこと』『重要なこと』」

経済基盤を変えて、世界を良くする突破口として本に書くこと。実現する、しないの問題ではない。実行することに意義があることだから。

▼令和４年４月20日午後10時頃

多神教の神様達３、４名、アフリカの神様達が３年前に私に入る。他の神様達に誘われて入る。

「アフリカの人民を救ってください」と言われたので、私が経済基盤を変えることができたら波及して救えると答えた。

▼令和４年４月21日午後３時頃（自宅）

「嘘をつかない神様達との４、５回目の会話」

多神教アフリカの神様達３、４名に、「将来アフリカの人民を救ってください」とお願いされる。「私に実力が付いたら可能ですが、今は力不足です」と答えた。

▼令和４年４月21日午後５時頃（自宅）

「阿弥陀如来、釈迦如来、イエス・キリスト様達がまとまって話す」

誠への３つのお願い。

①人生にくよくよしないこと。
②人や神様や霊魂達の話をよく聞くこと。
③世の中を良くすること（たとえ実現できなくても誠には責任はない）。

他にも次のようなことを言われた。

・無理しないこと。
・のんびりしましょう。
・仕事ではなくボランティアです。
・誠は救世主である。
・出しゃばらないこと。
・執着しないこと。
・新しい宗教を起こさないこと。

私は経済基盤を変えるリーダーになるべきかと聞いたら、「しいてまで出しゃばる必要はない」と答えた。

また、「誠が自分自身を愛することは、世界の人々を愛することにつながる。なぜなら誠には神様達や霊魂達もたくさん入っているから」と言った。

2番目に重要なのは人々の意識を変えることである。変えるには具体的にどうすれば良いのかと聞いたら、次のような答えが返ってきた。

人類の危機を丁寧に伝えること。

危機に対処するために、食物を通貨の基準にして週休3日制で自家製野菜栽培する。

国会で地域流通銀行券が発行できる法案を通過させること。

▼令和4年4月21日午後8時頃（自宅）

「阿弥陀如来、釈迦如来、イエス・キリスト様達が伝えた4つのこと」

①誠は死なない。老いない（なってみないと分からない）。

②誠は救世主である（なってみないと分からない）。

③誠は良いことをする。

④誠は健康である。

▼令和4年4月21日午後9時頃（自宅）

「阿弥陀如来、釈迦如来、イエス・キリスト様達の話」

誠の「食物を通貨の基準にする」という考え方は、独創的で常識では考えられないけどバカげた考えではない。

▼令和4年4月22日午前10時頃（自宅）

「阿弥陀如来、釈迦如来、イエス・キリスト様達からの3つのお願い」

①世の中を良くすること。

②良くすることで出しゃばらないこと。

③良くすることに執着しないこと。

世の中を良くすることはボランティアである。よって誠に、神様達、霊魂達が入っている。

「阿弥陀如来、釈迦如来、イエス・キリスト様達が伝えた５つのこと」

①誠はとりあえず５００歳まで生きる（肉体は生きない）。（不明です。30年後に分かる。なってみないと分かりません）

②誠は世の中を助ける救世主である（実現できなくても、私には責任はありません）。

③誠は人々を明るくする。経済基盤を変えて道筋を作っていく。

④誠は人々に好かれる（どうでしょうか、これは不明です）。

⑤誠は神様達、霊魂達に好かれる。

「阿弥陀如来、釈迦如来、イエス・キリスト様達が伝えた誠の将来のこと」

阿弥陀如来、釈迦如来、イエス・キリスト様達に、「私がとりあえず５００歳まで生きる根拠は何ですか?」と聞いたら、次のように答えた。

①誠が11年前、阿弥陀如来、エホバ神、アッラー神、ヤハウェ神が同一神であることを見抜いたから。

②誠はよく言葉をつつしみ、適切な発言をするから。言った言葉が現実になること

が怖いから。

③誠が経済基盤を変えて世の中を良くしようとしているから。

④誠は嘘をつかないから。

⑤神様達、霊魂達がたくさん入っているから。

⑥経済基盤を変える案があるから。

⑦神様達や霊魂達と会話できるから。

「阿弥陀如来、釈迦如来、イエス・キリスト様の3名の神様達が伝えた4つのこと」

①私達が誠を守る。精神的にも肉体的にも、腰痛を治すように。

②私達が誠を良い方向に導く。

③私達が誠に素敵なプレゼントを与える。

④私達は誠に憧れている（私はそんなに良いのか。理由は経済基盤を変えて世の中を良くする目的で行動しているからなのか）。

誠の祈りは効く。

「３名の神様達との会話」

私の腰痛を治す方法と運動について。

私は死にたいのではなく、死んでもかまわないと思っている。

誠　親鸞聖人も私は不老不死と言っているのですか？

神様達　そうです。

誠　親鸞聖人も私に入っているのですか？

神様達　そうです。でも神様達、霊魂達にとらわれ過ぎない方が良いのでは。
誠さんは何をやりたいのですか？（＝自分も立ちながら世の中を良くすること）

▼令和４年４月22日午前11時頃（自宅）

「阿弥陀如来、釈迦如来、イエス・キリスト様達との会話」

阿弥陀如来ですが、世の中を良くする具体的方法をお伝えします。

①人々の意識を変えること＝危機を丁寧に伝える、打開策を伝える。

②人々の生活を変える＝週休３日制で食物生産に従事すること。

③人々の生き方を変える＝食物を通貨の基準にすること。
今の阿弥陀如来の本願は世の中を良くすること。

「3名の神様達からのお願い」
①3名の神様達の話を真剣に聞いてください。
②3名の神様達は一人一人で話します。よろしくお願いします。

阿弥陀如来ですが、今の世の中は格差が拡大して（世界的に見て）人類が危機的状態だから、世の中が良くなることが一番大事な願いです。私が生きていた地球に似た惑星もこれらのことで滅びたのです。

▼令和4年4月25日午前9時頃（自宅）
「阿弥陀如来、釈迦如来、イエス・キリスト様達の話」
無明の闇が破られ、後生明るい心に救い取られ、いつ死んでも必ず浄土へ往ける「往生一定」の大安心を得ること。誠の体が浄土（極楽）である。

神様達は私のことを不老不死だと言っているが、ひとつだけ証明できる方法としては30年後に今の姿であるかどうかである。

私には霊魂達もたくさん入っているのかと聞いたら、「そうです」と答えた。そのことを証明する方法は、私が遺族と話せることで確認できるという。そして、無理して神様達、霊魂達が入っていることを証明しなくても良いことや、私が救世主であることを伝えた。

「嘘をつかない神様達３、４名との会話ひとつ」

生きている限りしっかり生きること。

▼令和4年4月26日午後2時頃（自宅）

「阿弥陀如来、釈迦如来、イエス・キリスト様達との会話」

誠は決して宗教をやらないこと。今のように経済基盤を変えることを目的とすること。実現するしないの問題ではない。チャレンジすることに意義がある。

人が生きることについても話す。人が生きていくためには生物（動物植物）を食し、大気（空気）を吸って、水分を飲む。そうすることで活動できる。

3名の神様達は私に次のことをやってもらいたいと言う。

・物を大切にし、生物を尊ぶこと。

・屋敷の草を取るのは綺麗にすることなので良いことだ。

「3名の神様達へ誠からの進言3つ」

①くよくよしないこと。明るく生きましょう。

②前向きに生きましょう。

③何事も腹を割って。

「３名の神様達から４つのことを授かる」
①誠は世の中の救世主となる（本当かどうか、私としては半信半疑）。
②救世主であっても出しゃばらないこと、執着しないこと、新しい宗教をしないこと。
③人々のためになることをすること。
④人々のためになる話をすること。

「３名の神様達から誠に進言３つ」
①良く考え、実行しましょう。
②良いことをしましょう。
③良い言葉をつかいましょう。
なお、３名の神様達は、琉球独立と食物を通貨の基準とリンクさせることに賛成した。

▼令和４年４月28日午後５時頃（自宅）
阿弥陀如来、釈迦如来、イエス・キリスト様達は、私が今から書く本に、世の中を良

くする思いで経済基盤を変える案、食物を通貨の基準にする案、週休3日制のビジョンについて述べることに賛同している。

私の体自体が極楽浄土になっている。3名の神様達が「そうです」と言っている。11年前の7回目の入院時、ベッドに横になり、たくさんの人々の魂が一度に（バサバサと）入ってきた感覚があった。体の表面が月のクレーターのようになっていた。現在は新しい神様達や霊魂達が入っても感じない。

▼令和4年4月29日午後1時頃（自宅）

「阿弥陀如来から伝えられたこと」

私（阿弥陀如来）が誠さんに降臨したから、誠さん自身が極楽浄土になったのです。

▼令和4年4月29日午後8時頃（自宅）

「阿弥陀如来、釈迦如来、イエス・キリスト様達と沖縄のことについて話す」

沖縄がアメリカ合衆国や日本政府にいじめられ、虐げられている。このことは3名の神様達も同感である。

日女道の知人は、「仕方のないことだが自立することが大切。現在のままで独立したら孤立し、貧しくなる」と言っている。

私から3名の神様達に「沖縄は日本の縮図だ。沖縄は自立して独立した方が良いと思うが、どう思いますか？」と聞いてみた。

神様達は、私の構想、すなわち食物を通貨の基準を軸に自立独立した方が良いと答えた。そして、私のビジョンを実現するためには、「まず第一に、人々に今の経済構造が行き詰まっていることを丁寧に伝えること。次に本とか新聞、あるいはメディアで訴えること。誠さんも勉強することです」と言われた。

▼令和4年4月30日午前6時頃（自宅）

「阿弥陀如来、釈迦如来、イエス・キリスト様達が誠に凄いことを3つ伝えた」

①誠自身が極楽浄土になったのは、阿弥陀如来が降臨したから（誠は奇跡だと思う）。

②阿弥陀如来は誠に感謝している。生きている誠が大役を引き受けたから。

③釈迦如来とイエス・キリスト様も誠に感謝している。世の中を良くしようとしているから。実現する確率は高い。

日本の若者の幸福度が先進国38カ国中37位と低いのは、危機的状態に入っているから。

「多神教のヨーロッパの神様達3、4名。嘘をつかない神様達からのお願い2つ」

①ヨーロッパ諸国の人々も良くしてください（私の食物を通貨基準が実現達成したら可能です）。

②誠さんに入って喜んでいます。穏やかに楽しく過ごしています。

▼令和4年5月3日午前3時頃（自宅）

「釈迦如来が誠を通して日本国民全てに伝えること」

心穏やかに過ごしてください。

決して怒ったり、いらいらしないことです。

▼令和４年５月３日午前６時頃（自宅）

「阿弥陀如来が誠を通して日本国民全てに伝えること」

・質素な生活、暮らしにしなさい。

・決して派手な振る舞いや、おごり、思い上がりしないように。

・殺されても殺さない。殴られても殴り返さないように。

・静かな心で日頃を過ごしてください。

・一番伝えたいことは愛です。

・食事こそ愛です。自愛他愛において、食べることが最も重要な行為ですから。

▼令和４年５月３日午前７時頃（自宅）

阿弥陀如来、釈迦如来、イエス・キリスト様達から私の著す書（＝神霊魂者無空賀数誠）について言われた。

また、一般の霊魂から「私の子孫も判断お願いします」とたくさん言われたので、「大丈夫です。了解しました」と答えた。

3名の神様達から私の「積算の仕事」「経済基盤立て直しの救世主」「書（＝神霊魂者無空賀数誠）の執筆」の3つの使命について言われた。

「3名の神様達との会話」

神様達　子宝に恵まれたら住居を建てるつもりですか？

誠　不明です。

神様達　神殿を建ててください（9月中旬、この話はなくなった）。木造1階建です。本尊は不要です。誠さんには神様達、霊魂達がたくさん入っているので生き神霊です。だから宗教も必要ないのです。

誠　私は住居を自分で設計します。2級建築士の資格があります。施工は業者、管理は自分です。

▼令和４年５月６日午前３時頃（事務所）

「３名の神様達からのお願い２つ」

おはようございます。やってもらいたいことがあります。

①テプラで文字を入力して貼ること。

②テーブル制作の図面をＰＣで起こすこと。

「イエス・キリスト様から誠へのお願い」

末長く降臨したい。クリスチャンも宜しくお願いします。

一般の神様達、多神教、ヨーロッパの多神教は衰退しています。誠さんがどうにかしてください。

誠　今は無理です。私にそんな力はないです。

▼令和4年5月9日午前3時頃（事務所）

「阿弥陀如来、釈迦如来、イエス・キリスト様達との会話」

神様達　おはようございます。提案、増築の図面は、どんな検討をしていますか。

誠　木造ならひな形の図面が必要です。

「3名の神様達の話」

神様達　将来を予測した場合、沖縄で食物を通貨の基準にするという構想が実現達成できそうです。今の日本全体の社会状況を見た場合にそう思います。

（多神教の神様達が誠に入る前から神様達が3、4名入っている）ヨーロッパの多神教、ヨーロッパの人々も救ってください。

誠　私が経済基盤を変えることが実現達成できたら可能です。

神様達　私達も応援します。

▼令和4年5月14日午前4時頃（自宅）

「誠がとりあえず５００歳まで生きる（肉体は生きない）という理由」

①経済基盤を変えて世の中を良くしてもらうため。
②その力を世の中に示すため。
③新しい宗教を作ってもらいたい。
④誠に入っている神様達、霊魂達にも力を出してもらうため。

「誠が新しい宗教をやるべき理由」

新しい宗教で世の中を良くする。
経済基盤を変える手だてと一緒に、新しい宗教で世の中を良くする。実現を目指す。
私も立ちながら、二世の誕生に。後継者とする。

▼令和４年５月21日午前５時頃（自宅）

「インドの多神教の３組の神様達との会話」

神様達　誠さんが５００歳まで元気で生きる（肉体は生きない）ことは本当です。

誠　不思議です。あり得ない話です。

神様達　確実にそうなればインドにも行ってください。

誠　招待されれば行きます。

神様達　インドの人々も救ってください。

誠　力がついたらそうします。

▼令和４年５月25日午後8時頃（自宅）

「阿弥陀如来、釈迦如来、イエス・キリスト様達が言っていたこと」

30年後に沖縄は独立する、誠が生きている限り。

本土は沖縄を食い物にして繁栄し、豊かになった。

▼令和４年５月27日午後10時頃（自宅）

ＮＨＫのＴＶ番組「プロフェッショナル　仕事の流儀」（２０２１年５月27日放送）で、脳神経外科医の谷川緑野氏が言われた「迷ったら厳しい道を行け、それがプロフェッショナルだ」という言葉が強く印象に残った。

阿弥陀如来、釈迦如来、イエス・キリスト様達が、「誠もそのようにしてきたから今がある」と言っている。私自身、あえて厳しい道を選んできたように思う。

２０１１年、東日本大震災の年、入院中だった私の体に地獄の兵卒長２００～３００名の魂が入ってきてとても苦しかった。その時私は「殺すなら殺せ」と言ってやった。現在はたくさんの神様達、霊魂達が入っているので、どんなことでも平気でいられるのだ。

親鸞聖人も私に入っている。私が「私はやりたいことがある」と言ったら、親鸞聖人は次のように言った。

親鸞聖人　誠さんは己の道を行け。浄土真宗に入らなくとも勉強はした方が良い。

誠　　承知しました。

親鸞聖人と私とのやり取りを聞いて、一般の霊魂達が次のように言った。

一般の霊魂　欲望の絡まりあいどころではありません。平和な世界を作ることが先決です。

▼令和4年6月5日午前10時頃（自宅）

阿弥陀如来、釈迦如来、イエス・キリスト様達がまとまって話す。

誠の食物を通貨の基準という考えは、実現するしないではない。今はチャレンジすることが肝心である。

▼令和4年6月5日午後4時頃

阿弥陀如来、釈迦如来、イエス・キリスト様達がまとまって話す。

誠の構想　食物を通貨の基準にはハードルがとても高いが、今はやることが肝心です。この本を出版して賛同者を増やすことです。それから可能な限り政治家になることです。

▼令和４年６月６日午前４時頃

アフリカの西側にあるモロッコの多神教の神様達３、４名が私に入ってお願いする。
神様達　モロッコの人民も救ってください。
誠　私に力がついたらやります。
アフリカの神様達３、４名のグループの何組からも、アフリカの人民を救ってくださいとお願いされた。

▼令和４年６月６日午前５時頃

阿弥陀如来、釈迦如来、イエス・キリスト様達がまとまって話す。

米軍は民主主義と自由を旗頭にして世界中で戦争紛争に関わっている。そういうことで世界に貢献するなら、誠の提唱する食物を通貨の基準にすることで関わってもらいたい。

▼令和４年６月７日午後７時頃

「誠の中で神様となっている親鸞聖人の話」

「なぜ生きるのか」という問いの答えは、自分も立ちながら人々のためになることです。

▼令和４年６月９日午後10時頃

私が就寝、うたた寝している時に体が重くなり、阿弥陀如来、釈迦如来、イエス・キリスト様が話しかけてきた。

一番大切な話だと前置きして、「誠さんは救世主です」と言う。

６月10日午前７時に確認した。

以前から私は救世主であることを拒み、世の中を助けることならやりますという考えだったが、３名の神様達に教えてもらった救世主は、溺れる者を救うのかと尋ねてみた。すると、「違います。溺れないようにすることです。世の中が溺れないように（危機にならないように）するためには誠さんの提唱する食物を通貨の基準にすることが一番良いのです」という答えが返ってきた。

▼令和４年６月13日午前８時頃

「阿弥陀如来、釈迦如来、イエス・キリスト様達の話」

人々の心の持ち方をポジティブに変えるには、何事も肯定的にとらえ、明るく前向きに暮らすことです。穏やかな暮らしをすることです。たとえば「悪いことはしない」と単に言っても、心がそうでない場合は強く念じることです。

▼令和４年６月29日午前10時頃（自宅）

「３名の神様達との４つの会話」

①神様達　新南栄元（誠の祖父母の屋号）の財産は全て誠の物になります。

誠　本当ですか？

神様達　本当です。県営住宅が当たれば引っ越してください。確実に財産は誠の物になります。

②誠　神様達は誠に神殿を作ってもらいたいのですか？

神様達　神殿を作るには資金が必要です。

誠

今書いている本が世界中でベストセラーになり、それからメディアに出て稼ぎます（なってみないと分からないが）（9月16日の神殿の話はなかったことにしてください）。

③神様達は、「誠は救世主である。その根拠はとりあえず５００歳まで生きる（肉体は生きない）ことや、神様達が６００万人、霊魂達が６００億人入っていること。経済基盤を変える案があること。神様達や霊魂達と会話ができることである」と言う。私は５００歳まで生きることはあり得ないと思うが、神様達はしつこく５００歳までは生きますと言っている。私自身が１３０歳まで生きた時に「救世主です」と宣言するつもりである。

④今の社会、特に日本は窮地に陥っている。世界１３１カ国中、投票率が１３１位と最下位である。少子高齢化が進み人口減少が進行する日本。若者が日本の未来に失望して結婚しないし、子供を作らない風潮がある。さらに輪をかけて国債の大

量発行、格差の拡大である。資本家の搾取で大企業は内部留保が増え、搾取される労働者は賃金が据え置き。ますます格差が拡大するから日本は危機の状態が続く。

▼令和４年６月29日午後８時頃（自宅）

「阿弥陀如来、釈迦如来、イエス・キリスト様達との会話」

誠　宗教はたくさんの人々から推されたらやっても良い。

▼令和４年６月29日午後９時頃（自宅）

「阿弥陀如来、釈迦如来、イエス・キリスト様達からのお告げ３つ」

①誠が５００歳まで魂が生きる（肉体は生きない）ことで、世の人々が真実だと感じて世の中が救われる（誠の経済基盤を変える案で）。

②誠は健康に気をつけて暮らしてください。

③誠は伴侶を求めてください。

▼令和4年11月5日午後2時頃（自宅）

「阿弥陀如来、釈迦如来、イエス・キリスト様達の話」

誠がとりあえず５００歳まで生きるのは肉体ではない、阿頼耶識《あらやしき》です。魂もです。

この本が売れて有名になったら、恋愛して子供を求めてください。本が売れなければ恋愛もしないでください。

阿頼耶識は一人一人に備わる内なる識、内なる蔵のようなものです。生まれる前からあって、悠久の大河のようにとうとうと流れている過去世、現在世、未来世の三世を貫く永遠の生命です。

人生で起こるどんなことも心の中の出来事に。執着、嫉妬、怒り、絶望、失敗の心の深層部を阿頼耶識と呼びます。阿頼耶識が説かれているのは、私達を本当の幸せにするための導きです。全ての人々はやがて必ず死んで阿頼耶識が次の世界に転生し、そして永久に輪廻転生し続け、苦しみ、迷いの旅を続けます。その死の大問題を解決して、苦しみから離れ永遠の幸福を得るための仏教です。

▼令和４年11月21日午前９時頃（ＤＮＣ）
「阿弥陀如来、釈迦如来、イエス・キリスト様達との大事な話」

神様達　今後のこと、誠のやるべきこと、使命は人々を救うことです。

誠　どのように救うのですか？

神様達　経済基盤を変えて人々を救うのです。

誠　食物を通貨の基準にすることと週休３日制で良いのですか？

神様達　良いです。

誠　この本を出版すれば良いのですか？

神様達　そうです、理論だけではなく実践が必要です。

誠　政治家になりなさいということですか。

神様達　そうです。

誠　去年の秋、糸満市議に挑戦して最下位で落選したのですが。

神様達　再度チャレンジするのです。

誠　仲間も増えないのでやりたくないのですが。

職員ーさん　生活、暮らしのレベルを超えてまでやると誠自身がつぶれるので、生活基準の範囲で活動すること。

神様達　力をつけることです。

誠　経済的にも社会的にも力がついたらやります。

神様達　それで良いです。

誠　本が売れて有名になって、経済的にも社会的にも力がついて仲間が増えたら、政治家を目指します。救世主の使命にチャレンジします。

▼令和5年3月11日午後11時頃（自宅）

「阿弥陀如来、釈迦如来、イエス・キリスト様達からの話」

①心の持ち方。穏やかに過ごし、殺されても殺さない、殴られても殴り返さない心情が大事。

②救世主としての心構え

・世の中を救うことで、世の中が溺れないようにすること。

・力の及ぶところで人々に尽くすこと。

③救世主の仕事

・本を書くこと。
・歌を作ること。
・絵を描くこと。
・陶芸すること。
・本が売れたらメディアに出ること。
・子供達を導くこと。

第8章
霊魂達との会話

▼令和4年4月28日午後9時頃（自宅）

「O前沖縄県知事の話」

O前沖縄県知事から「琉球独立運動のリーダーになってください」と言われた。

誠　人々に推されたらやっても良いですが、今は力不足です。

O　3名の神様達も推してくれています。

誠　その時になったら知人の意見を聞きます。

▼令和4年5月1日午前6時頃（自宅）

「元衆議院議員のT氏の話」

最近亡くなった衆議院議員のT氏も私に入っている。Tさんが、「食物を通貨の基準に」という案に対して、「とても良い上等な案だと思う、頑張ってください」と言った。

T　おはようございます。昨日の講演会は遺骨返還の問題でしたか？

誠　そうです。戦前に京都帝国大学が琉球の墓から骨を略奪した違法行為についてと、琉球独立論まで発展した集会でした。

▼令和４年５月４日午前４時頃（自宅）

一般の全ての霊魂　これから私達が誠さんを呼ぶ時は「誠先生」と言います。ただし身内とか知人は「マクトー」と言います。

誠　了解しました。

▼令和４年５月24日午前４時頃（自宅）

「沖縄出身の元衆議院議員のＳ氏との会話」

Ｓ　誠さんの経済構造を変えるという新構想を実現達成するために、どのようにするおつもりですか？

誠　本を出版して行動しようかと思っています。本の主な内容は、７回目の入院中の霊的能力での会話、沖縄の自律的発展のこと、経済基盤を変えるなどです。

Ｓ　経済基盤を変えるために本を書くのですか？

誠　そうです。

Ｓ　素晴らしい壮大な構想で実現達成できるかどうか確率は低いかもしれませんが、

誠さんが５００歳まで生きる（肉体は生きない）なら成功率は高いですね。

誠　そうですね、これに賭けますか。

▼令和４年６月頃

「エリザベス女王の父親の話」

昨日、英国のエリザベス女王即位70年のプラチナ・ジュビリーをテレビで見ていたら、「エリザベス女王の父親です」と、話してくる。

誠　用向きは何ですか？

女王の父親　誠さんの考え、ビジョン、食物を通貨の基準にすることを頑張ってください。今日、一般の霊魂が話し、日本人の霊魂３、４名、誠さんの霊的能力を駆使してください。行方不明者などの捜査に協力することです。

誠　とりあえず積算の仕事が片付いてから警察署に出向いてみるつもりです。行方不明者の情報提供を受ける。沖縄県警連絡済み。情報があれば連絡します。

▼令和4年6月30日午前3時頃（自宅）

「1月9日午後6時頃、ミュージシャンだったKさんと世の中を憂いての会話」

K　誠さんの話は幻聴や妄想ではないです。今の世の中は、右も左も前も後ろも上も下も行き詰まっていると思います。

誠　私もそう思います。ですが仕方のないことです。

K　どうしようもないことを誠さんは変えたいのですよね。

誠　そうです。食物を通貨の基準にすることです。こうでもしないと社会や世の中は変えることができないからです。

K　それでこのような発想をしたわけですか。

誠　そうです。

K　世の中を憂いていたから、このような発想をしたわけですね。

誠　そうです。

K　私も世の中を憂いていました。私は音楽で作詞作曲、俳優、タレントとして活躍しましたが、根底には世の中を憂う気持ちがありました。私は誠さんみたいに深く考えませんでした。構想を考え始めてからどれくらい経ちましたか？

誠　大学で新しい経済構造を取得してからですから……。

K　40年以上かかっているということですか？

誠　そういうことです。

K　質問がいっぱいあります。

誠　大まかなこと4つでお願いします。

K　大学でどのようなことを取得したのですか。

誠　玉野井恩師より新しい経済構造、開かれた地域主義経済について学びました。それと地表の20センチを大事にすることもです。

K　開かれた地域主義経済について具体的に説明してください。

誠　今の地産地消で地域間の物流です。

K　地産地消で地域間物流から食物を通貨の基準にということですが、どのように展開したのですか？

誠　地産地消で地域間物流と資本主義経済をどのように組み合わせたらいいかという

ことを深く考えて展開しました。

K　なるほど、それで食物を通貨の基準にするということですか？

誠　そうです。

K　もう少し具体的に説明してください。

誠　地産地消、地域間物流においてポピュラーな物は食物であるから、それに資本主義経済の流通の要、通貨を組み合わせ、通貨が共同幻想で価値が確定していることを逆手に取り、大衆が食物を通貨の基準であることを共同幻想にすることで実現達成できます。

K　それで具体的に実現達成できそうですか？

誠　ハードルは高いですが、この本が売れて有名になったら、ある地域を特区にして（国会で審議通過が必要）円と同等価値の地域流通銀行食物券を発行し、食物の付加価値を上げます。週休３日制で資本家の搾取を減らし、休日に食物生産に従事するのです。

K　ある地域の特区が成功したら、そのやり方を拡大していくということですか？

誠　そうです。理解できたでしょうか？

Ｋ　できました。

▼令和4年7月8日午後2時頃
「A元総理との会話」

A元総理が「誠さんに入っています」と言ってきた。「50～１００通の手紙を書いてください」と言っていた。

誠　辺野古新基地建設は県民の72％が反対なのに、国が押しつけているのは民主主義社会と言えますか？

Ａ　民主主義ではありませんね。完全な民主主義社会は存在しないのです。

誠　日本は民主主義社会ではないのですか？

Ａ　日本は民主主義社会ですけど、沖縄の県民投票は法的拘束力を持ちません。

誠　なぜ法的拘束力がないのですか？

Ａ　それは自治法（条例での住民投票は法的拘束力はない）で決まっているからです。

国会で審議通過すれば拘束力はあります。

誠　多勢に無勢、マイノリティーで沖縄県民の民意は通りません。沖縄が独立を目指すことにA元総理はどう思いますか？

Ａ　沖縄が置かれている立場なら独立がベストですね。

誠　賛成ですか？

Ａ　賛成です。

誠　沖縄の自律的発展の道はどう思いますか？

Ａ　国に納めている税金が振興予算より多いことと、近海にある埋蔵資源開発、観光産業が要になって自律的発展の展望ですね。

▼令和４年11月22日午後２時頃（ＤＮＣ）

「アメリカ合衆国ケネディ元大統領との会話」

誠　今後のアメリカ合衆国をどう思いますか？

大統領　超大国アメリカ合衆国は、中国にその覇権を奪われるのは確実だと思います。

誠　大統領は死後、アメリカ合衆国と中国の情勢をどうして知ったのですか？

大統領　誠さんの中でTVの情報で知りました。

「ウクライナ侵攻についてゴルバチョフ元書記長の意見を聞く」

プーチン大統領がウクライナに侵攻した動機が、ウクライナ南東部に親ロシア派が居住しているからというが、ロシア軍は南東部も攻撃している。筋が通らないではないか。ゴルバチョフ元書記長は呼んでいなかったが、ロシアのプーチン大統領とウクライナ侵攻のことについて私に話しかけてきたので、ウクライナ侵攻についてゴルバチョフ元書記長の意見を伺ってみた。

ゴルバチョフ　東西冷戦を終わらせた私ですが、今のプーチン大統領のウクライナ侵攻は無鉄砲です。たしかにNATOが拡大してロシアが脅かされるということが前提です。NATOの勢力拡大に対処したのが動機でしょう。ロシア（旧ソ連邦）は社会主義国から資本主義国に変容したにもかかわらず、社会主義国的な権力を持ってプーチン大統領はウクライナに侵攻しました。誠さんの唱える食物を通貨の基準にする施策が実現達成し、世界に広まったら、戦争とか紛争、侵攻はなくなりますよ。

誠　ゴルバチョフ元書記長、そう思いますか？

ゴルバチョフ　具体的に意見を言ってください。

誠　食物を通貨の基準にすると、食物が一番大切な商品になります。食物の付加価値が相対的に上がり、他産業商品の価値を相対的に下げることができます。そうやって食物の値段（付加価値）を意図的に上げるのです。その一方で他産業商品は相場の値段になります。食物を通貨の基準にしたら、戦争、紛争、侵攻がなくなります。

ゴルバチョフ　もう少し具体的に説明してください。

誠　貧困国や地域に食物（食糧）を支援して援助したら、通貨の基準だとその影響力は大きいのですが、食物の付加価値を上げるのは相場の１

割か1・5割程度です。でも食物を通貨の基準にすると、必然的に食物生産に従事する人口が増えます。だから週休3日制や週休4日制にして、他産業の就労も兼ねて食物生産（小規模小作菜園）に休日を充てます。その結果、資本家の搾取を減らすことにつながるというわけです。

ゴルバチョフ　よってプーチン大統領のような権威主義者は排除されるというわけですね。

誠　その根拠は何ですか？

ゴルバチョフ　欲張りすぎることがなくなるからです。なぜかというと、欲望が満たされるからです。

誠　経済発展成長はどんなですか？

ゴルバチョフ　誠さんが唱えるように、物を大切にすれば、そこそこの生活、暮らしができますね。

誠　欲望はきりがないとよく言いますが、日頃の生活習慣のひとつで、夏の暑い日でも熱い飲み物を取ると体質改善になり、欲望が緩和されます。

第9章
経済基盤を変える案について

このまま経済発展、成長、便利な生活を追求するのではなく、現在の物質的に豊かで利便性の向上した暮らしを維持し、心豊かで穏やかで平和な暮らしを目的とする。


世の中がなぜ危機になるのか？

その理由は4つある。


第1に、人類が生存していくにつれ環境が破壊されるから。

第2に、資本主義経済構造で、搾取する側と搾取される側の二極で格差が拡大するから。

第3に、戦争や紛争で第3次世界大戦の可能性があるから。

第4に、人々の欲望が高まって、より豊かな生活を追い続けるから（資源は有限である）。


これらの危機の状態に対処するには、私の提唱する食物を通貨の基準にして週休3日制にして、休日に食物生産（自家製野菜栽培）に充てることで心豊かで穏やかな生活暮らしにすること。

沖縄の現状と将来ビジョン

沖縄の現状４つ

①人口の自然増。

②県民の一人当たり所得が全国最低。

③県経済はザル経済と言われる。ダシは本土が吸収して県民はカスを食している。

④過重な基地負担で苦しんでいる。

一方、日本政府は基地を沖縄に押しつけ、安全、安心、経済発展、進歩成長してきた。たしかに沖縄の公共施設は充実したが、自律的発展は阻害されている。沖縄の将来について、食物を通貨の基準にするという私の案は経済基盤を変えることができ、自律的発展の起爆剤になると考える。

具体的なビジョンは、

・地域流通銀行券（たとえば糸満食物券＝単位本＝円と同等価値）、食物（野菜、肉、魚、貝、穀物、果物など）の付加価値を意図的に上げて通貨の基準にする（通貨は共同幻想で成り立っている）。

・金や米国ドルの基準より高い基準にする。

・地域流通銀行券を発行する施設を設置（価値決定権設置）し、ＩＴで操作する変動相場制を導入する。

・食物の付加価値を意図的に上げ、他商品は経済原理の価格にする。

・併設する週休３日制で、休みの１日か２日は食物生産に従事（自家製野菜栽培など）（資本家の搾取を減らす）する。

・初めは地域を限定し、特区を国会で審議通過させることが前提条件である。最初の特区が成功して軌道に乗れば、地域を拡大していく構想である。

私の案は、これらの構想で経済基盤を変え、経済構造も変える案である。現在の経済構造が行き詰まり、世界的危機的状態に突入していることを打破する構想である。

この案について阿弥陀如来、釈迦如来、イエス・キリスト様達に意見を伺ってみた。神様達は「誠さんの案、構想はとても良いと思います。大胆斬新な意見でとても素晴らしいです。理論だけでなく、活動することも肝心です。新しい経済構造案と沖縄の自律的発展をリンクさせることで頑張ってください」と答えた。

私の構想について

▼令和４年５月１日午前８時頃（自宅）

食物を通貨の基準にしたら、どのような結果や効果が見込まれるか？

私に入っている全ての神様達、霊魂達が「興味がある」という。

食物を通貨の基準にし、週休３日制に、休日の１日か２日を食物生産に従事することの効果、結果は？

１．人間が生きていくのに一番大事な物は、食物であり、水や空気と同じように、当たり前に必要である。よって大前提条件として、食物をより一層大切にする結果になるのは必然だろう。

さらに一番大事な食物の付加価値を意図的に上げることも可能だ。需要と供給の価格バランスによって商品（食物）の値打ち、値段が決定する構図に一石を投じること、すなわち食物の価値を意図的に決定する機関を開設し、食物の値打ち、値段を意図的に上げる。この食物の価値、値打ち、値段を意図的に上げる決定機関による政策によってさまざまな庶民に対する良い結果、効果が出現する。

ここで重要な制度の仕組みは、週休3日制にすることである。

さらに休日の1日か2日は食物生産（自家製野菜栽培など）に従事するという掟を決めること（制度の制定）である。この制度は任意ではあるけれど、食物を通貨の基準にする制度とリンクすることによって、企業や職場での働きの収入と休日の食物生産に従事（自家製野菜栽培など）することによる収入ができる。そのことにより心豊かで穏やかで平和な暮らしが満喫できる。結果につながる。

2.

なぜ心豊かな暮らしが可能か。日本の経済史を簡潔にたどれば、江戸末期より明治維新に活躍した渋沢栄一の功績による。渋沢は近代日本資本主義の父と言われる。資本主義経済を導入し、企業＝株式会社設立、銀行設立、流通業界の整備、鉄道導入、教育機関設立、社会公共事業など、さまざまな施設を創設育成した。そうした事業は戦前の天皇制国家と軍国主義による植民地支配政策（大東亜共栄圏）につながった。

戦後日本のめざましい経済発展成長の裏には、沖縄（琉球）が本土から虐げられ、差別された過去、現在、将来にわたる経緯が土台にある。

本土は高度経済成長による物質的豊かさと都合の良い便利さの生活にどっぷり浸かり、「食、衣、住、働、学、遊、休、清潔、静」の中で毎日を過ごしている。

国内総生産（ＧＤＰ）は世界第3位だが、国民一人当たりＧＤＰは先進国中６位、２０００年の2位から28位と降下した実態は、少子高齢化の拡大と国債の大量発行に拠るところが大きい。

その結果、若者の精神的幸福度は38の先進国中37位と低く、生涯独身者の増大、高水準の自殺率の推移、さらには子供が大人になった時の日本の負のスパイラル遺産による足かせや困窮が予測される感覚が原因である。つまり日本の将来未来の展望が真っ暗であると多くの若者が認識しており、今日日本全体が危機的状態に入ったと感じている国民がいかに多いかと思われる。

これを打破するのが、私の提唱する食物を通貨の基準にして、さらに週休3日制をリンクさせ食物生産（自家製野菜栽培など）に従事することである。そうすることで心豊かで穏やかな平和な生活暮らしにたどり着く。

食物生産（自家製野菜栽培など）は自然が相手の作業であるから、心の癒し、心を和ませる効果で心が豊かになる。畑を耕し、土作りを行い、種を撒く。縁の中で水をやり、作物を育て、収穫した結果、因縁果の道理の体験ができる。物事の良し悪しや善悪の基礎について体験することが大きな要素であるから、心が豊かになる。

この時突然、渋沢栄一が私に話しかけてきた。

「渋沢栄一より誠に忠告」

渋沢　誠さんはもっと自分を主張してください。
誠　主張するために本を執筆している最中です。
渋沢　もっと自分を主張するためにも、次のことをやってもらいたい。
渋沢　①講演会を開催する。
誠　本を出版したあとで良いですか。
渋沢　良いです。
　②新聞に投書してください。
誠　本の出版後で良いですか。私は興味がないので新聞を購読していません。興味がない理由は正しい情報処理が難しいし、時間がないからです。それと、神様達や霊魂達との会話や食事のことで、今の政府の対策案では抜本的解決が望めないからです。
渋沢　③那覇でチラシを配布しなさい。

通貨基準が食物になった場合の経済的効果

▼令和４年５月１日午後２時頃（自宅）

「食物を通貨の基準にした場合における経済的効果」について考えた。

①食物の付加価値を意図的に上げることが可能。

②食物以外の他の商品を安く買うことが可能。

③両替が煩わしい。

④食物生産に従事する者が増える。

⑤食物を大切にする。

⑥食物基本法の制定が可能。

⑦食品ロスが減る。

⑧食物基本法の制定で次のような体質改善が計られる。

・熱い飲み物で体質改善。

・野菜中心の食事で体質改善。

・アレルギーが改善する。
・バランスの良い食事で健康になる。
・残留農薬測定が徹底される。
・口から体内に入る食物がさらに良くなる。
・農薬散布の基準が徹底される。
・食の安全・安心が計られる。
・食品安全基本法から食物基本法に格上げできる。

経済について3名の神様達の話

▼令和4年6月28日午前10時頃（DNC）

経済基盤を変える案として、誠の考える食物を通貨の基準にする案が実現達成したならば、世界中にシステムが浸透し、とても良い結果になる。たとえば食材が通貨の基準だから、食べ物を大事にすることにつながる。ただし、食物は保存鮮度の課題がある

（冷蔵冷凍技術の進歩について、阿弥陀如来、釈迦如来、イエス・キリスト様達が研究すると言っている）。

貧しい地域には食物を支援する。現在、国連もＷＦＰ（国連世界食糧計画）で活動しているが、さらにその輪を広げて活躍できる。

加えて、誠の案では精神的に良くなることが３つある。

第１は、食べ物が満足に食べられるから精神的に落ち着く。

第２に、食事の欲望が満たされる。

第３に、食物生産に従事することで精神的に軽やかになるし、肉体的にも良くなる。

食物生産に従事することで健全な肉体になる。

▼令和４年６月28日午前10時頃（自宅）

誠は私達を超えている。根拠は「殺されても殺さないという思想を持っているから」。

▼令和４年11月21日午前９時頃（ＤＮＣ）

神様達　今後のこと、誠がやるべきこと。いわば誠の使命。人々を救うことについてお伝えします。

誠　どのように救うのですか？

神様達　経済基盤を変えて人々を救うのです。

誠　食物を通貨の基準とし、週休３日制でいいのですか？

神様達　良いです。

誠　この本を出版すれば良いのですか？

神様達　そうです。チジメー理論だけではなく実践が必要です。

誠　政治家になりなさいということですか？

神様達　そうです。

誠　昨年秋に糸満市議に挑戦して最下位で落選したのですが。

神様達　再度チャレンジするのです。

誠　仲間も増えないのでやりたくないのですが。

ＤＮＣの職員Ｉさん　生活のレベルを超えてまでやられては誠さん自身がつぶれるので、生活基準の範囲で活動するといいと思います。

神様達　まず力をつけることです。

誠　力がついたらやります。

神様達　それで良いです。

誠　経済的にも社会的にも力がついたらやります。

神様達　それで良いです。

誠　この本が売れなかったら救世主の任務をやらないで良いですか？

神様達　良いです。

誠　この本が売れて有名人になって、経済的にも社会的にも力がついて仲間が増えたら、政治家を目指して救世主としての使命を果たすよう努力します。

第10章 日本の食糧輸入の危機について

TV番組について3名の神様達の意見

▼令和4年12月1日午前2時頃（自宅）

「NHKスペシャル『混迷の世紀　第4回　世界フードショック～揺らぐ『食』の秩序～』について阿弥陀如来、釈迦如来、イエス・キリスト様達の意見」

午前1時～50分、NHKスペシャル『混迷の世紀』第4回を見てください。ドキュメンタリー番組です。日本の食糧輸入の危機について取り上げています。

世界の自由貿易体制は、今岐路に立たされています。

原因となっているのは、言うまでもなくロシアによるウクライナ侵攻です。

各国の食料安全保障が揺らぐ中で、世界一豊かな食を輸入によって享受してきた日本は今、食の危機に直面しています（かつてない競争にさらされています）。

ロシアのウクライナ侵攻後で大きく変わった世界の食の秩序。命の源泉である食料を日本の人達はどう確保するのですか。

日本の食を支える肥料や飼料、輸入穀物は、海外からの輸入に頼ってきました。一方、自国での生産によって暮らしに必要な食料を安定的に確保する体制を築いてきたところが、世界最大の小麦の輸出国ロシアです。

ロシアは食料を武器に使い、世界の食料供給を脅かしています。特に食料の６割を輸入に頼る日本は、食料安全保障の生命線が大きく揺らぐ事態に陥っています。

ここで誠さんの提唱する食物主義経済、すなわち食物を通貨の基準にして週休３日制を導入する根本的な経済改革が、フードショックを緩和できる糸口にならないかと思うのです。

ロシアのプーチン大統領が敵対国への食料の輸出を制限していますね。

世界一の小麦の輸出国ロシアが、小麦を武器に世界に影響力を及ぼしています。その対象国のひとつが食料資源の乏しい中東です。

ロシアの影響力で世界の小麦価格が高騰する今、安いロシア産小麦を中東が輸入して依存を深めているのは必然的です。

１９９５年に設立したＷＴＯ（世界貿易機関）によれば、今世界の食料輸出国が次々と輸出規制を始め、26カ国が自国ファーストを掲げています。よって日本の食料輸入は危機に直面しています。トウモロコシはロシアのウクライナ侵攻後1年半で、1・5倍の値上げ。肥料はロシアから輸入していましたが、止まっています。そうした肥料の高騰により、米国農家の93％が赤字に苦しんでいるのです。

フランスの思想家ジャック・アタリ氏は、今日の食料難は更なる危機の入口かもしれず、何か手を打たないと人類史上最大の食料危機になる可能性があるかもしれないと語っています。過去４００年、世界で起きた戦争は常に食料不足が関係し、食料不足による暴動の頻発が戦争を引き起こす原因になっていました。

「命のための経済＝エコノミー・オブ・ライフを選択する時が来た」とジャック・アタリ氏は説いています。食料を「健康、文化の礎」としてとらえ直すことを社会全体が求めているのです。そこで誠さんの提唱する食物主義経済、食物を通貨の基準にと週休3日制を導入して手を打つという案を私達は応援、支持します。

また、斎藤幸平氏のベストセラー『人新世の「資本論」』（集英社）では、脱成長経済において、誠さんの提唱する食物を通貨の基準が効果大になっています。

書籍には、「これまでの経済成長、発展の結果豊かな生活、便利な暮らし、日本の社会保障制度、生活保護法による人権保障、少子高齢社会問題と国債の大量発行が、次世代への足かせとなる。資本家の搾取での格差の拡大、非正規雇用と最低賃金の低さが、環境破壊あるいは核戦争の道となる」ということが書かれていると誠さんは理解しています。

こうした問題を抑止するのが、誠さんの提唱する食物を通貨の基準にするという案です。食物を通貨の基準にすれば、さまざまな社会問題を解決する手段になります。『人新世の「資本論」』の１９８頁「脱成長コミュニズムという新たな武器」にはこう書いてあります。

「マルクスの共同体研究もエコロジー研究も知られていたが、両者を組み合わせてみようとはしなかった。それはマルクス研究者が脱成長を受け入れられなかった」

誠さんの経済基盤構造を変える研究も食物の範疇で、エコロジー研究と資本主義経済での搾取を減らす週休３日制の研究を結びつけた。減成長での穏やかで平和な暮らしを求める研究です。

カール・マルクスとの会話

▼令和4年11月12日午後4時頃（自宅）

マルクス　私は誠さんの中で、誠さんの新しい経済基盤を変える構想を勉強して思いました。資本主義経済、社会主義経済、共産主義経済は、誠さんの提唱する食物主義経済には勝てないです。

誠　私の提唱する食物主義経済は、資本主義経済がベースですよ。

マルクス　両方を組み合わせた経済構造ですね。

誠　横浜市などで実施している地域通貨を参考に、糸満市食物券を発行し野菜等を割り引く券にすることは、ＩＴで操作できるから実現可能です。実現性はゼロではないのです。可能な構想であることです。
人口減少と高齢化が進み、国債の大量発行、格差の拡大する日本には、今後、大変厳しい将来が待ち構えています。今までにない斬新な発想である私が考えた構想、つまり食物を通貨の基準にする案に、マルクスさんが提案する「資本家の搾取を減らすこと」が重要な週休3日制か4日制にすることをメインに据える論文発表です。

マルクス

人類文明の大きな流れにそぐわなくなった現代社会、経済構造の危機と行き詰まりの結果、格差の拡大、貧困問題、少子高齢化社会問題、過疎化の推移、生涯独身者の推移等を考慮すると、食物を通貨の基準にすることに大賛成します。世の中が平和になり、人々がさらに穏やかに過ごせるようになるでしょう。そして争いもなくなり、経済も潤います。

誠

食物を通貨の基準にしないと、10年後には地球の人類は危機的状況になってしまいます。食物を通貨の基準にすれば、食べ物がより大事にされ、食品ロスも減るので良い。

地域通貨は地域の経済活性化を目的とし、ボランティア相互扶助サービスに対して、私の提唱する食物を通貨の基準は、資本家の搾取を減らすことを第1の目的とします。さらに食物の付加価値を上げることを目的とします。食物を通貨の基準にしないと、人類が滅亡してしまいます。

食物を通貨の基準にすることについてお釈迦様の意見

この点について、突然、お釈迦様が意見を述べられた。

「お釈迦様の意見」

食物を通貨の基準にすると、食べ物は人間にとって一番大事な物だから、さまざまな良い面が出現する。

まず第1に、人々がさらに食物を大事にするようになる。

第2に、人々が物をさらに大事にすることにつながる。「捨てなければ得られない」のことわざもあるが、使える物は直して最後まで使うことが大切である。

第3に、物を大事にすることは自分を大事にすることにつながる（物質があるから生きているのだから）。

第4に、食物を通貨の基準することで仕事が増える（流通が増えるから）。自家製野菜を食べ、不足分を買う。

第5に、野菜中心の食事で健康になる。

神様達や霊魂達がたくさん入っていることを周りの人々から理解されなくても良い。周囲の人々は誠を肯定も否定もしない方が多い。そうなんだー、そうねーと流すと良い。抗うことは霊的能力を駆使することである。

現在の経済構造危機の状態よりも環境危機の方が重大ではあるが、食物を通貨の基準にすると脱成長経済になるので、環境破壊にも抑止力がある。

バカげた発想で狂気と批判されるかもしれないが、こうでもしないと世界の経済構造は変えられない。

一番重要な結果効果は、食物は人間が生きていくのに必要な一番大切な物であり、水や空気や土は当たり前の必然性である。よって、一番大前提となる食事を作る調理の食材である食物を通貨の基準とすることで、食物をより一層大切にする結果になる。さらに一番大切な食物の付加価値を意図的に上げることが可能になる。

総理の成長と分配政策で効果大になる（政府の政策次第で大きな効果が期待できる）テレワーク、在宅勤務で条件が良くなる。

二酸化炭素を吸収する発明について

約14年前のことになるが、その時のチジメー（エホバ神さん）から私に次のような指示があった。

・豚の脂肪を加熱し、蒸溜水が二酸化炭素を吸収する（約98％）。

・特許出願を試みたが、コストが高く、出願を断念した。

・その後、吸収液を再利用可能か検討したが、まだ解決していない。

おわりに

拙著『立ち直って』に続いて、本書を出版できることを嬉しく思います。

本書出版の目的は、私の新構想を発表し、「糸満と沖縄と日本と世界に新風を吹かすこと」「古き経済構造に風穴を開けること」です。

お読みいただいてお分かりのように、私の構想は壮大なので実現達成できるかどうかは不明ですが、チャレンジする意義はあると思っています。それに神様達や霊魂達も後押ししてくれるから、やり甲斐があります。

「はじめに」でも書きましたように、私は世の中を良くしたいと本気で思っています。社会の根底から意識を変えたいのです。この本を通して多くの人に私の思いを伝え、賛同者が増えることを願っています。

実は、私は世の中を良くしたいという思いから市政に関わろうと考え、２０２１年11月の糸満市議会議員選挙に出馬しました。結果は落選でした。私の力不足だったのです。

講演会のところでもお話ししたように、私は2年後の糸満市議会議員選挙に立候補することを推薦者が多かったら本気で検討します。

本書が世界経済構造基盤を変えるきっかけになり、普及波及効果で世界平和に何らかの形で貢献できれば幸いです。

賀数　誠

行き詰まり

作詞　賀数誠
作曲　ベートーヴェン／編曲　フォアン・オヘダ

1.
日本は物にあふれ　豊かになった
反面心が侘しくなった
なのに社会は変わらない　搾取される者　搾取する者
仕組まれた社会の中で生きていく
今の社会を変えるには　みなの力だよ

2.
共に働き　共に食べる　くずれた社会だよ
新しいシステム作るため　頑張るのさ
私のアイディア参考に　詰まった世を変えるには
みなの力だよ

3.
私は神に選ばれ　霊魂が宿った
世界平和の目的で　フードをマネーの基準に
生きるのさ
みなが力を合わせて　世界を変えるのさ

巻末にＣＤを封入しています。
ぜひ音源でもお楽しみください。

〈著者紹介〉

賀数 誠（かかず まこと）

1956年、沖縄県糸満市生まれ。

沖縄国際大学商経学部経済学科夜間部を卒業。

玉野井ゼミで学んだ新しい経済構造を農業経営で即実践したが、精神病を発症。その後立ち直り、一級建築施工管理技士、一級土木施工管理技士などの資格を取得。社会を良くする思いで糸満市議に出馬するも落選。この本を通して、世の中を変えて良くするチャレンジをしたいと考えている。

７回目の精神科入院で神様や霊魂達が大勢降臨した。神様達とは守護神として会話し、霊魂達は極楽成仏して楽しんでいる。

現在は建築現場管理と型枠積算の仕事を進行中。

資本家《しほんか》の搾取《さくしゅ》を減《へ》らす週休《しゅうきゅう》3日《か》制《せい》
──通貨基準《つうかきじゅん》を食物《しょくもつ》とし、経済基盤《けいざいきばん》を変《か》えるために──

2023年8月18日　第1刷発行

著　者　　賀数 誠
発行人　　久保田貴幸

発行元　　株式会社 幻冬舎メディアコンサルティング
〒151-0051　東京都渋谷区千駄ヶ谷4-9-7
電話　03-5411-6440（編集）

発売元　　株式会社 幻冬舎
〒151-0051　東京都渋谷区千駄ヶ谷4-9-7
電話　03-5411-6222（営業）

印刷・製本　中央精版印刷株式会社
装　丁　　野口 萌

検印廃止

ISBN 978-4-344-94533-3 C0095
幻冬舎メディアコンサルティングＨＰ
https://www.gentosha-mc.com/